U0022567

這是我專屬的旅遊手冊⋯⋯

貼上你最帥氣或是最水的照片吧！

我是

我的聯絡方式：

個人專線：

電子信箱：

住　址：

本書最主要的探險路線分成「木柵」和「深坑」二個部分，因此規劃的路線分成二大主題，每個主題路線中都有許多單元，包括了知識補給站、路線圖及說明、各站活動、吃喝玩樂以及個人活動紀錄等，希望能幫助你在旅程中得到更多的知識，也希望你有更多不一樣的收穫。旅程中點點滴滴的回憶，不管是門票票根、紀念戳章、車票等，也都別忘記隨手保留下來喔！

開始主題探險之前，請不要忘了先翻到前面的「行前準備」，看看我們的細心叮嚀，讓你的旅遊過程更加安全也更加順利。爸爸媽媽也請翻閱路線末的「爸爸媽媽資訊站」，幫小朋友留意一些沒注意到的事情，讓您可以放心讓孩子們快樂自由行！

本書的使用順序是這樣的：

小朋友看這邊：

行前做功課

ONE 行前準備：
這部分是讓你準備這趟旅程中要攜帶的物品，並了解在途中要注意的事情。

TWO 知識補給站：
讓你先對目的地有一些基本的認識，並靠著自己的能力去搜集資訊，安排行程。

THREE 路線圖及說明：
讓你知道目的地的位置和此次活動的範圍，並針對會經過的景點稍加說明。這部分的地圖在闖關過程中相當重要，記得要多注意一下各個景點的位置喔！

小朋友的爸媽看這邊：

└ 爸爸媽媽資訊站：

爸媽看看這裡，能讓小朋友的這趟旅程更加順利，玩得更開心，也讓您更安心喔！另外，交通工具的選擇、如何把小朋友順利帶到活動關卡等問題，都有勞您多多費心了。

小朋友看這邊：

ONE 活動關卡：

讓我們一起到各個景點去探險吧！每站都有為你特別設計的小活動，站中的「阿賓老師說」專區，更為你提供額外的知識，讓你在做中學、學中玩，成為真正的「茶博士、豆腐達人」喔！

TWO 吃喝玩樂特區：

你累了嗎？肚子餓了嗎？快來找個美食供應站大快朵頤一番吧！別忘了把好吃的食物拍下來，和親朋好友分享喔！

THREE 我的旅行日記：

其中分成「我的旅行藏票區」、「我的紀念章區」以及「我的塗鴉日記區」，讓你用不同的方式，把一路上的點點滴滴、所見所聞記錄下來喔！

好好整理你旅遊歷險行程中的點點滴滴，並且大方的展示出來吧！每站活動中如果有不清楚的問題，可以到三民網路書店找找答案喔！

（ http://www.sanmin.com.tw/ ）

小朋友，趕快來當導遊，邀請三五好友和爸媽兄弟姊妹，一起來木柵、深坑探險吧！

邊走邊看

打道回府

作者的話

台灣被稱為 "Formosa"（美麗之島），是因為她有山有水、生態多樣、人文景觀豐富，就像一本多采多姿、讓人想一讀再讀的書。可惜的是，台灣的旅遊型態一直停留在走馬看花、吃喝玩樂的層面上，尤其是學童的校外教學活動，往往只有遊玩而沒有教學，因此，基於希望孩童從遊玩中學習的想法，身為小學教師的我們，接下了編寫這本另類導覽書的任務。

這本書和其他導覽書最大不同的地方在於：它是一本從孩童觀點來寫的書，出版這本書的目的，是要教孩童透過實地體驗，自己學會怎麼「玩」，是一本讓學童學會「自主遊玩」的書，進而從「自主遊玩」引起學童「自主學習」的動機。為了安排一趟快樂的旅行，孩童要學習自己閱讀、查資料，甚至學習看地圖、規劃交通路線……，在旅遊前的路線規劃及相關資料蒐集，可以訓練孩子思考與規劃能力；而旅遊時，由於行程是孩子事先參與規劃的，到達旅遊景點後，孩子自然會有要探索的目標與學習的主題，這樣一來，旅遊除了美景、美食外，在輕鬆愉快的氛圍裡，無形中可以培養孩子學習與體驗的習慣。「旅遊」是一種實地體驗，「學習」是一種習慣，當孩子有學習的習慣時，更能從旅行中充分獲得美妙的體驗。而父母和老師只扮演從旁引導的角色，藉由以孩童為主導的旅行

方式，讓孩子學到更多與生活結合的知識，培養生活能力；更重要的是，我們期待透過這種旅遊方式，讓孩童更喜愛與珍惜旅途中的人、事、物，更增加愛鄉愛土的情懷。

　　木深線中的主人翁阿賓老師，是個幽默風趣的老師；家裡種茶的小觀音，是個眉心有顆觀音痣的可愛小女生，個性沉著而安靜；而爸爸經營豆腐店的小豆腐則是她的同學，長得白白淨淨的，是個容易害羞臉紅的小男生。透過他們的介紹，學童可以了解木深線景點的特色和資訊，除了跟著他們去玩，學童也可以學他們的方式，去自行規劃不同的旅遊路線，帶著家人去玩，希望這本書能讓小讀者們都成為最棒的小小導遊。

　　我們在撰寫這本書的過程中，跑遍了木柵、深坑的大小景點，探勘多次，每個景點都試玩一次，除了要了解這些地方好不好玩之外，也從老師的角度分析旅遊行程中，能否達成讓孩童學習的目標，期盼他們能利用旅行走讀台灣，體驗這種另類的學習方式。

陳志偉、林家弘、李政霖

1

木柵之旅

>>> 目次

個人資訊　I

小小導遊使用說明　II

作者的話　IV

木柵快樂行

行前準備　　　2

　　知識補給站　　4

　　　木柵快樂行路線圖　　8

　　　　第一站　貓空纜車　　12

　　　　第二站　指南宮　　18

　　　第三站　樟山寺與杏花林　　24

　　第四站　優人神鼓、三墩石與張迺妙紀念館　　28

　　第五站　茶研發推廣中心與壺穴地形　　34

　第六站　動物園　　40

　第七站　仙跡岩　　60

　木柵美食地圖　　74

　爸爸媽媽資訊站　　76

深坑快樂行

行前準備　　80

知識補給站　　82

深坑快樂行路線圖　　86

第一站　深坑古厝代表──永安居　　90

第二站　老街嬉遊趣　　98

第三站　神秘三合院──興順居　　108

第四站　環山綠地中的百年小學──深坑國小　　110

第五站　挑戰阿柔洋古道　　118

深坑美食地圖　　128

爸爸媽媽資訊站　　132

　我的旅行藏票區　　134

　我的紀念章區　　135

　我的塗鴉日記區　　136

深坑
之旅

2

木柵快樂行

1
貓空纜車

2
指南宮

3
樟山寺與杏花林

4
優人神鼓、三墩石與
張迺妙紀念館

5
茶研發推廣中心與
壺穴地形

6
動物園

7
仙跡岩

要先知道的事情：

1. 指南宮：指南宮又稱為「仙公廟」，供奉的神明是八仙中的呂洞賓仙師（孚佑帝君）。傳說仙師呂洞賓因為追求八仙中的何仙姑不成，所以會拆散前來指南宮的情侶，這是不正確的傳說喔！不論是哪位神明，都是很慈悲的，只要正心誠意，神明都會給予祝福的喔！

2. 貓空：穿過貓空的指南溪，因為山勢的關係，溪水的侵蝕力量很強，所以造成了許多「壺穴」的地形，閩南語稱之為「ㄋㄧㄠ ㄎㄤ」，音同「貓空」，這就是貓空地名的由來。想要看貓空的壺穴地形，自茶研發推廣中心步道向下走到指南溪邊就可以看到。

3. 鐵觀音：鐵觀音是一種中度發酵茶的名稱。據說在清朝時期，福建安溪有一個人叫作魏蔭，每天都會用清茶獻給觀世音菩薩。有一天魏蔭在採茶的時候，發現在岩石縫中長出了一棵茶樹，魏蔭採下茶菁製成茶，發現這種茶很香，茶湯的顏色像鐵一樣，重量也比一般的茶重，魏蔭覺得是觀音菩薩顯靈，所以將這種茶命名為「鐵觀音」。在清光緒年間，張迺妙先生從安溪將鐵觀音茶種引入貓空地區，成為木柵的特產。

★ 首先，讓我們來檢查一下所需要的裝備。

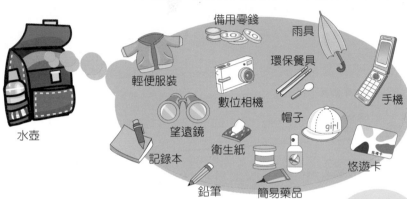

備用零錢
雨具
環保餐具
輕便服裝
數位相機
手機
水壺
望遠鏡
帽子
girl
記錄本
衛生紙
悠遊卡
鉛筆
簡易藥品

嗨！大家好，我是
阿賓老師，旁邊這兩位是
我的學生小豆腐和小觀音。我
們將帶你一同去許多好玩有趣
的景點，準備好了嗎？出
發囉！

我是小豆
腐家的豆腐
寶寶！

我是跟小觀
音上山下海的
小悟空！

知識補給站

▶ ▶ ▶

　　木柵這個地名是怎麼來的呢？根據《台北縣志》的記載：「本鄉地區，代有木莊，開闢之始，於地設柵防番，故名。」也就是說，以前是因為要防範原住民，才在這裡砍樹設了許多柵欄，於是就稱這個地方為「木柵」。木柵地區原隸屬台北縣深坑鄉，在民國39年才分為深坑、木柵、景美三個鄉，民國57年改隸台北市，民國79年又和景美區合併為文山區。

　　準備好了嗎？讓我們一起體驗這趟充實的「木柵快樂行」吧！

1 交通工具

開　車　國道三甲線（台北聯絡道）從木柵交流道下即可到達。

搭捷運　搭乘台北捷運木柵線可以到達木柵，或搭乘捷運板南線到忠孝復興站轉乘木柵線，即可到達木柵。

搭公車　台北市還有很多公車可以到達木柵，請你使用台北市大眾運輸與公車路線查詢系統，查詢出你所在的位置如何搭乘公車到達木柵。

我查到的結果是：

_____

_____

_____

_____

_____

_____

_____

2 參觀資訊站

1. 台北市民生活網：http://www.mytaipei.tw/
2. 台北市大眾運輸與公車路線查詢系統：http://www.taipeibus.taipei.gov.tw/
3. 台北旅遊網：http://www.taipeitravel.net/
4. 台北市文山區公所：http://www.ws.taipei.gov.tw/
5. 台北市立動物園全球資訊網：http://www.zoo.gov.tw/
6. 指南宮太歲寶殿全球資訊網：http://chih-nan-temple.tw/
7. 張迺妙茶師紀念館：http://living-stone.idv.tw/tea/deftea.htm
8. 優人神鼓：http://www.utheatre.org.tw/

GO！去坐纜車囉！

　　阿賓老師在下一頁為你整理了許多景點與店家的資料，咦？你說老師搜集得不完全？你還從別的地方（網路、書籍……）找到了資料？那就把它們記下來吧！

★景點資訊表

景點／店家名稱	地址／電話／經緯度	開放／營業時間	備　註
貓空纜車（動物園站）	捷運木柵線動物園站附近 (02)2181-2345 東經：121° 34' 34.96" 北緯：24° 59' 45.58"	平日：0900～2200 假日：0830～2200 公休：週一（遇國定假日順延）	網址：http://gondola.trtc.com.tw/
指南宮	台北市文山區萬壽路115號 (02)2939-9922 東經：121° 35' 13.57" 北緯：24° 58' 42.47"	開放：全日開放	1.可搭乘貓空纜車至指南宮站下車，步行前往 2.網址：http://chih-nan-temple.tw/
樟山寺	台北市文山區老泉街49巷29號 (02)2936-1116 東經：121° 34' 45.22" 北緯：24° 58' 22.99"	開放：全日開放	
杏花林	台北市文山區老泉街45巷30號 (02)2936-9367／ (02)2939-4866 東經：121° 34' 36.91" 北緯：24° 58' 8.62"	平日：須事先預約 假日：0900～1900	園區免費開放參觀
優人神鼓：老泉里山上劇場	台北市文山區老泉街26巷30號 (02)2938-8188	電洽	1.e-mail：utheatre@tpts8.seed.net.tw 2.網址：http://www.utheatre.org.tw
三墩石茶壺博物館	台北市文山區指南路三段34巷36號 (02)2938-3797 東經：121° 34' 49.87" 北緯：24° 58' 8.85"	平日：1100～0300 公休：週一	1.全票100元，優待票70元，另有貓空套裝導覽行程 2.網址：http://realwolf.myweb.hinet.net/
張迺妙茶師紀念館	台北市文山區指南路三段34巷53-2號 (02)2938-2579／0928590701 東經：121° 34' 58.61" 北緯：24° 57' 56.22"	平日：須事先預約 假日：1000～1800	1.參觀費用每人150元（包含館內導覽與泡茶1小時茶水費） 2.網址：http://living-stone.idv.tw/tea/deftea.htm
台北市鐵觀音包種茶研發推廣中心	台北市文山區指南路三段40巷8-2號 (02)2234-0568 東經：121° 35' 39.45" 北緯：24° 58' 8.65"	開放：0900～1700 公休：週一、過年、三節	1.解說費每人150元，機關團體八折、學生團體六折 2.網址：http://www.liukung.org.tw/tea/tea_spread.htm

台北市立動物園	台北市新光路二段30號 (02)2938-2300轉630 東經：121°34′51.85″ 北緯：24°59′55.88″	開放：0900～1700 公休：農曆除夕 遊客列車：週一只提供老弱婦孺乘坐，1小時一班	1.全票60元，優待票30元，30人以上團體七折 2.網址：http://www.zoo.gov.tw/
天恩至德素食糕餅	台北市文山區指南路三段38巷37-2號 (02)2938-2888 東經：121°35′31.48″ 北緯：24°58′13.5″	營業：1000～2100	
忘塵軒藍染工作室	台北市文山區指南路三段38巷19-1號 (02)2938-5735 東經：121°35′15.84″ 北緯：24°58′15.92″	須事先預約	藍染DIY每人200元起
烏鐵茶道	台北市文山區指南路三段38巷25號 (02)2936-1479 東經：121°35′16.68″ 北緯：24°58′15.76″	平日：1400～2400 假日：1100～2400 公休：週一	網址：http://www.o-tea.enew88.net/
洒妙茶廬	台北市文山區指南路三段34巷53號 (02)2938-2578 東經：121°35′0.2″ 北緯：24°57′56.21″	0900～2400	
杏花林茶館	台北市文山區老泉街45巷27-3號 (02)2939-4866 東經：121°34′37.24″ 北緯：24°58′8.65″	平日：1700～2300 週六：0900～0200 週日及花季：0900～2300	茶水費70元，花期約在每年二月初至三月中
邀月茶坊	台北市文山區指南路三段40巷6號 (02)2939-2025（邀月）／	營業：全年全日無休	1.茶水費每人70～180元 2.網址：http://www.yytea.com.tw/
寒舍茶坊	(02)2938-4934（寒舍） 東經：121°35′49.7 北緯：24°58′3.8		網址：http://www.mkhs.com.tw/

木柵快樂行路線圖

木柵地區位於台北市東南方，現隸屬台北市文山區，這裡有許多好玩的地方喔！有台灣最多動物的木柵動物園、供奉呂洞賓仙師的指南宮、盛產鐵觀音的貓空，還有生態豐富的仙跡岩步道，讓我們帶著爸爸媽媽來探索生態豐富、歷史悠久的木柵吧！

1 貓空纜車
2 指南宮
3 樟山寺
4 杏花林
5 優人神鼓——老泉里山上劇場
6 三墩石茶壺博物館
7 張迺妙茶師紀念館
8 台北市鐵觀音包種茶研發推廣中心
9 壺穴

1 動物園
2 仙跡岩

動物園趴趴走與尋訪仙跡岩

1 Spot

台北市動物園

動物園

你多久沒來動物園玩了呢？到動物園最方便的交通方式就是搭乘捷運木柵線，在終點站下車步行一小段路，就可以看見動物園的大門了！

好啊！

台北市立動物園是台灣擁有最多陸生動物的動物園，一次是看不完的，這次我們先去這幾個展館，下次再去看別的動物喔！

2 Spot

仙跡岩

仙跡岩地名由來的答案就在山頂的一顆大石上面，請仔細找找，「仙跡」到底在哪裡呢？

仙跡岩聽說有仙人的遺跡喔！

那只是個傳說而已，其實仙跡岩有很多更可愛的小神仙喔！讓我帶你們去找出這些小神仙吧！

第1站

▶▶▶ 貓空纜車

今天來到木柵，
我們就先從搭乘貓空纜
車開始，了解貓空地區的歷
史和環境，動物園和仙跡
岩就下次再去囉。

你們看，
貓空纜車就在
那邊！

阿賓老師說

貓空現在最「夯」的就是貓空纜車了。只要搭乘捷運木柵線到動物園站，出站後向左轉走350公尺，就可以到達貓空纜車的第一站「動物園站」。貓空纜車系統略呈7字形，為台北市內第一條纜車系統。從動物園站到貓空站，共有四個旅客上下站及二個轉角站，總長度約4公里。

貓空纜車還有很多有趣的資訊喔！現在阿賓老師請你們到貓空纜車動物園站的服務台，領取一份貓空纜車簡介，我們來進行一些小活動！

好啊！　好啊！

Q1 從動物園站到貓空站的總長度是（　　　）公里，所以貓空纜車是目前台灣最長的纜車。

Q2 每台纜車車廂最多可以坐（　　）個乘客，每小時最多可以運送2000人，也是目前台灣單一運量最大的交通工具。

Q3 從動物園站搭乘纜車到指南宮站要付（　　）元。

Q4 從第一站動物園站到第四站貓空站，這兩站的垂直高差是（　　）公尺。

動物園站
Taipei Zoo Station

服務時間
Service Hours

週一 Mon.	不對外營業 No Service
週二至週五 Tue.-Fri.	09:00-22:00
週末及例假日 Weekends & Official Holidays	08:30-22:00

於 21:30 末班車發出後，停止進站。
No Passengers will be admitted to the station after
9:30 pm.

Q5 貓空纜車最陡的地方在第41號塔柱和第42號塔柱之間，就在（　　　）站與（　　　）站之間。（提示：請看纜車垂直高度差圖。）

Q6 貓空纜車底下有一條高速公路經過，這是國道（　　）號高速公路，從（　　　）站之後就可以看得到。（提示：絕對不是二號喔！）

Q7 貓空纜車經過轉角一站時會轉向（　　　）度，經過轉角二站時會轉向（　　　）度，這是目前全世界唯一轉向兩次的高空纜車，也是轉向角度最大的纜車喔！

Q8 貓空纜車在發生（　　）級以上強風、打雷、一級以上有感地震和陸上颱風警報發布時會暫停營運。

Q9 目前貓空纜車每週營運六天，每週（　　　）進行保養維護，當天不對外營業，週末和國定假日營運時間是從早上8:30到晚上（　　　）點為止。

Q10 如果開車來木柵搭乘貓空纜車的遊客，可以將車子停在貓空站或是（　　　）站。

貓空纜車總共有六站。第一站是動物園站，動物園站旁邊有木柵動物園、路易士兒童室內遊樂園和景美溪單車公園，還有停車場可供停車，採計次收費，平日50元，假日150元。接著是轉角一站，本站的設置是為了引導纜車路線轉向，轉向角度有15度。此站不提供旅客上下車喔！再來就是動物園內站，動物園內站並不是直接到動物園內，但是可以在本站下車買票進入動物園的最裡面，然後乘坐接駁車進入動物園遊覽參觀。通過動物園內站之後，就會經過轉角二站。從這裡開始貓空纜車分成上下兩段的動力，所以可以看到兩組黃色動力傳送輪。轉角二站主要為行車控制中心，設置停放纜車的空間及動力設備機房，與轉角一站一樣不提供旅客上下車服務。更值得一提的是，這裡是世界上纜車轉角最大的地方，角度高達80.3度喔！通過轉角二站後，回頭往下望會看見國道三號高速公路，也就是北二高。

阿賓老師說

這裡所看到的高速公路隧道群，是目前世界上斷面最大的隧道，一般隧道大多只有兩個車道，這裡的隧道有四個車道寬喔！

我們趕快去搭貓空纜車吧!

過了轉角二站就是指南宮站,可以下車進入指南宮的後方,附近也可以停車喔!如果不下纜車,接下來就會通過貓空纜車最陡的41號與42號塔柱路段,有如搭乘雲霄飛車一般的刺激喔!終點站貓空站是貓空纜車最高的一站,海拔299.3公尺,附近有三玄宮、天恩宮、張迺妙茶師紀念館、台北市鐵觀音包種茶研發推廣中心等景點。這裡也是貓空遊園公車的起點,可以在這裡搭乘遊園公車到其他景點喔!

等等!我們先了解一下貓空纜車有哪些優惠套票,可以讓我們更悠閒的參訪貓空地區。

★貓空纜車套票:

票 種	價 格	使用方式	哪裡買	收 藏
貓纜三次票	150元	一天內可以搭乘纜車三次	貓空纜車車站	不能收藏,票卡需回收
貓空三二一旅遊套票	180元	一天內可以搭乘纜車三次、貓空接駁公車二次、進入動物園一次(含坐一次遊園公車)。	貓空纜車車站、動物園售票口	可以收藏,票卡不回收
Taipei Pass (貓纜版)	250元	一天內可以搭乘纜車三次,不限次數搭乘捷運與公車	貓空纜車車站、各捷運車站	可以收藏,票卡不回收

Q11 我的車票與行程規劃：

我想買的套票	要去的貓空纜車站	要參訪的旅遊景點
● 貓纜三次票	第一站要去：	（　）木柵動物園 （　）指南宮 （　）樟山寺 （　）杏花林 （　）三墩石茶壺博物館
● 貓空三二一旅遊套票	第二站要去：	（　）張迺妙茶師紀念館 （　）台北市鐵觀音包種茶研發推廣中心 （　）壺穴
● Taipei Pass（貓纜版）	第三站要去：	（　）優人神鼓——老泉里山上劇場

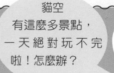

貓空有這麼多景點，一天絕對玩不完啦！怎麼辦？

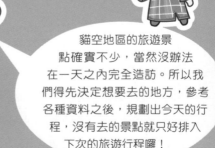

貓空地區的旅遊景點確實不少，當然沒辦法在一天之內完全造訪。所以我們得先決定想要去的地方，參考各種資料之後，規劃出今天的行程，沒有去的景點就只好排入下次的旅遊行程囉！

既然來到指南宮，我就先講個故事給你們聽。傳說呂洞賓仙師雲遊到杭州城時，看見了虔誠修行的何仙姑，就化成一位老先生的模樣，想藉買藥來渡化何仙姑。呂洞賓仙師來到何仙姑家的藥材店「一要家和散，二要順氣湯，三要消毒飲，四要化氣方」，何仙姑的父親當然拿不出這四種藥，後來何仙姑知道後，就說出這四種藥是「父慈子孝家和散，弟忍兄寬順氣湯，妯娌和睦消毒飲，家有賢妻化氣方」。呂洞賓仙師覺得何仙姑很有慧根，後來還化身美男子要求娶何仙姑為妻，想試探何仙姑是不是真心修道，最後何仙姑通過考驗，得道成仙。也因為這樣，又有了另一則傳說，說呂洞賓仙師因追求何仙姑不成，便嫉

妒起世上的情侶，只要有情侶前往指南宮，呂洞賓仙師就會將他們拆散。這種說法是不對的，其實有很多情侶到過指南宮後，都是有情人終成眷屬呢！

對啊！不管是神佛菩薩或是基督天主都是愛護我們的！

所以我們應該高高興興的去指南宮喔！

搭乘貓空纜車或公車都可以到達指南宮。現在就讓我們一起去參觀台灣最大的仙公廟吧！

Q.請仔細觀察一下，把你在指南宮所看到的壁畫和風景記錄下來吧！

我看到了 _____

_____

_____

_____

_____

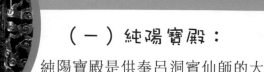

（一）純陽寶殿：

純陽寶殿是供奉呂洞賓仙師的大殿，已經有一百多年的歷史，歷經多次的修建，在1998年整修成現在的形式。在大殿的兩旁，右邊是「純陽道祖成道記」的六幅石雕壁畫，左邊是以「純陽道祖顯化圖」為主題的六個石雕壁畫，其中在左邊就有「雲遊巧渡何仙姑」的故事喔！

Q.請你找找看這12幅石雕壁畫，找到請打勾：

■ 瑞應永樂	■ 點石成金恐誤世
■ 神仙進仕	■ 三醉洞庭渡柳仙
■ 終南修道	■ 顯化神渡曹國舅
■ 黃粱夢覺	■ 雲遊巧渡何仙姑
■ 真人贈劍	■ 二仙秘授渡重陽
■ 修成大羅	■ 點龍穴猴山建廟

我找到「雲遊巧渡何仙姑」的壁畫了！

（二）凌霄寶殿：

　　凌霄寶殿位於純陽寶殿的右後方，供奉著玉皇大帝、三清道祖和三官大帝。三清殿所奉祀的元始、靈寶、道德三天尊，為道教的道、經、師三寶，被道教信徒尊為地位最高的神明。三官大帝就是古代的堯、舜、禹三位皇帝，因為堯研究曆法，教導人們了解四季與耕種，所以稱為天官大帝；舜創造五倫，建立家庭，劃定十二州，故稱為地官大帝；禹治大水，拯救萬民，所以稱為水官大帝。因此三官指的是「天官、地官、水官」，而不是「天、地、人」喔！

Q.在這裡還可以遠眺台北市的風景，請你拍一張照片作為紀念吧！

（貼上照片）

（三）大雄寶殿：

　　大雄寶殿供奉的是釋迦牟尼佛、藥師佛、阿彌陀佛、觀世音菩薩等神明。大殿外觀看起來像釋迦牟尼佛的頭像，大殿前的廣場上還有四大天王，分別是持劍的增長天王，司風；拿琵琶的持國天王，司調；執傘的多聞天王，司雨；持蛇的廣目天王，司順。也就是俗稱的「風調雨順」。

Q.這四位天王分別也代表四個方位，你可以找出四位天王代表的方位嗎？

> 這四大天王好有威嚴啊！

　風→持劍的增長天王是（　　　　）方
　調→拿琵琶的持國天王是（　　　　）方
　雨→執傘的多聞天王是（　　　　）方
　順→持蛇的廣目天王是（　　　　）方

正確答案：南、東、北、西

（四）大成殿：

大成殿供奉的是至聖先師孔子、亞聖孟子和宗聖曾子。一般的道教寺廟不會特別為孔子立廟，但是因為呂洞賓仙師是進士出身，加上道教早已經融入佛教與儒家的思想，所以在指南宮特別建立大成殿來祭祀孔子，推崇孔子對於中國文化的偉大貢獻。

 在指南宮的四個大殿前都可以遠眺貓空與台北市的風景喔！走累了，可以到純陽寶殿旁的「自在茶亭」喝飲料、吃點心！

對啊！這邊有提供包種茶、鐵觀音茶、咖啡和點心，吃完別忘了要添點香油錢啊！

指南宮 自在茶亭

第 **3** 站

▶▶▶ 樟山寺與
杏花林

（一）樟山寺：

在1930年時，樟湖地區的居民發現山坡上有一塊酷似觀世音菩薩的石頭，居民就開始用圓石頭桌子當作香案，供奉膜拜。1931年由張喜、張發出錢開始建廟，1932年第一次建廟，取名樟山寺。

樟山寺位於茶路步道、指南國小步道與救千宮步道的交會點，很多登山健行的遊客都會經過這裡，樟山寺提供了熱呼呼的鐵觀音茶，給路過的人們解渴。1990年在居民與遊客的共同努力之下，樟山寺重建為現在的規模。

因為樟山寺正好面對木柵的市區，下面就是國道三號，可以遠眺台北市街景。爬山爬到這裡，喝口茶，看風景或是看夜景都很享受喔！

 你們看！這裡的觀世音菩薩很特別喔！

 是啊！樟山寺的觀世音菩薩是千手觀音，這是表示觀世音菩薩有各種具有法力的手印，能夠解除人們的苦痛。

 咦？大殿旁有兩個奇怪的把手耶！

 這是台北市政府設的打印台，可以在你的旅遊書蓋上鋼印，表示你爬上了樟山寺。在鋼印的旁邊，還有一個可以用鉛筆拓印的小紀念板唷！

Q1.來蓋個樟山寺的紀念鋼印吧！

（蓋鋼印）

Q2.用鉛筆把紀念板的圖案拓印在另外
的紙上，再貼上來。

（二）杏花林：

　　從樟山寺沿著馬路向上走就可以
到達杏花林。杏花林的杏花是張丁頂爺
爺在1986年種下的，總共種了三千多株
的杏花和柚子。杏花林是台北市第二個許可
的休閒農場，在每年的1～3月滿山的杏花開時，供遊客免
費入園賞花。

　　農場裡面，鋪設了很安全的步道，讓很多老人家跟行動
不方便的朋友都可以來賞花，所以來到這裡，請記得張爺爺

的愛心，千萬不要隨便摘花！如果想將美麗
的杏花帶回家，可以在農場入口處購買。

杏花跟櫻花怎麼長得那麼像啊？要怎麼分辨這兩
種花呢？

杏花跟櫻花看起來很像，是因為這兩種花都是薔
薇科的植物，台灣的山櫻花是下垂的單瓣花，杏
花則是挺立的重瓣花；櫻花開花時，所有的葉子
都會掉光，杏花的葉子不會全部掉光，我們可以
從這兩個線索來判斷。

Q.請你將你所看到的台灣山櫻花和杏花拍下來或是畫下來。

	台灣山櫻花	杏 花
特徵	○桃紅色的下垂單瓣花 ○開花時葉子全部掉光	○白色或粉色的重瓣花 ○開花時葉子沒有掉光
照片		

第 4 站

►►► 優人神鼓、三墩石與張廼妙紀念館

（一）優人神鼓——老泉里山上劇場：

你們知道嗎？在貓空山上有一個享譽國際的優人神鼓劇場喔！

真的嗎？那是演什麼的啊？

我知道，他們是表演打鼓的國際劇團喔！

是的！從茶路步道或是杏花林後山往上走就可以找到了！

　　優人神鼓創立於1988年，在1991年遷到木柵老泉里山上。優人神鼓的「優」是指表演者，在優人神鼓的演出者

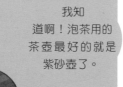

就是「優人」，他們是以「道藝合一」為創作與生活的目標，希望在演出中將「道」（生命的修煉）和「藝」（藝術技能的學習）融合在一起。在山上的劇場，優人會在這裡練習靜坐、武術、擊鼓、戲劇等，來到這裡，你可以感受一下優人練習時的氣氛喔！

　　每年年底，優人神鼓都會在山上劇場舉辦年度演出，時間都在晚上，夜裡欣賞表演感覺很棒，不過要記得買票喔！

（二）三墩石茶壺博物館：

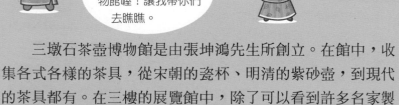

小觀音，你知道泡茶要用什麼樣的茶壺嗎？

我知道啊！泡茶用的茶壺最好的就是紫砂壺了。

沒錯，在貓空有一個專業的茶壺博物館喔！讓我帶你們去瞧瞧。

　　三墩石茶壺博物館是由張坤鴻先生所創立。在館中，收集各式各樣的茶具，從宋朝的瓷杯、明清的紫砂壺，到現代的茶具都有。在三樓的展覽館中，除了可以看到許多名家製作的茶壺之外，還可以了解紫砂壺的製作方法與過程。

紫泥　　　綠泥

Q.請你在參觀之後，完成下列的問題：
（連連看）

打身筒成形法：
用於圓壺製作，以左手撐住壺內壁，右手以工具拍打外壁，讓壺口收縮，壺身成為球形的方法

鑲身筒成形法：
用於方壺製作，將泥板切成一片一片，根據形狀將泥片黏成立體方形，成形技巧比較高

（三）張迺妙茶師紀念館：

小豆腐，你知道木柵最有名的茶是什麼茶嗎？

鐵觀音吧！

那你們知道是誰把鐵觀音帶到木柵來的嗎？

我知道我知道！是張迺妙茶師！這附近就有一座張迺妙茶師紀念館，讓我帶你們去探索鐵觀音的起源吧！

張迺妙茶師紀念館

張迺妙茶師紀念館目前由張迺妙茶師的孫子張位宜先生所主持管理。館內珍藏著張迺妙茶師的相關文物，還有關於茶的歷史、分類、製造、文化等許多展示品。張迺妙茶師從日據時代就是木柵地區巡迴茶師，負責到木柵、深坑、石碇、新店、景美、坪林等地區教授包種茶和烏龍茶的製作技術，還曾獲得特等金牌賞與退休紀念青銅花瓶。

張迺妙茶師曾經多次到大陸安溪去學習鐵觀音的製作，並且從安溪引入許多鐵觀音茶樹，除了自己種植之外，還免費提供給其他茶農一起栽種，並且以「種好茶，是會養家致富的」，鼓勵大家一起來種茶，使木柵鐵觀音成為世界有名的茶葉。

 我要告訴你們一個小祕密喔！

什麼祕密啊？

張迺妙茶師紀念館的張館長也是個很厲害的紙藝設計師喔！他設計了很多很有趣的紙藝作品，有古老的紅眼床、小巧可愛的紫砂茶壺，還有台灣最高的101金融大樓喔！

哇！好棒喔！

▲ 茶壺紙模型DIY　　▶ 立體紫砂壺紙藝

　　在紀念館的二樓可以看到許多張館長設計和收集的立體紙藝作品，最重要的是可以在這裡完成一個立體的紫砂茶壺作品喔！現在就讓我們來動手做做看吧！

Q.參觀完紀念館，我的想法是：

第5站

▷▷▷ 茶研發推廣中心
與壺穴地形

（一）台北市鐵觀音包種茶研發推廣中心（展示區）：

我們在之前的兩家博物館已經認識了茶壺的製作與鐵觀音茶的來源，接著讓我們一起去「台北市鐵觀音包種茶研發推廣中心」了解鐵觀音與包種茶的製作過程，然後學習如何泡好茶、喝好茶！

好啊好啊！我們已經等不及了啦！

　　台北市鐵觀音包種茶研發推廣中心目前由財團法人台北市瑠公農業產銷基金會經營管理，在這裡有木柵鐵觀音和包種茶的製作流程介紹，以及品茗、沖泡、茶葉保存方法、台

灣特色茶分布、飲茶與保健、飲茶注意事項、台灣主要茶葉分類等展示，還有茶藝教學課程喔！

Q.請你看完展示之後，將木柵鐵觀音的製作方法記錄下來：

在《新店、烏來好玩耶！》當中曾介紹包種茶的製作和泡茶程序，可以去參考一下相關資料喔！

＿＿＿＿＿＿＿＿＿＿＿＿＿＿

＿＿＿＿＿＿＿＿＿＿＿＿＿＿

＿＿＿＿＿＿＿＿＿＿＿＿＿＿

＿＿＿＿＿＿＿＿＿＿＿＿＿＿

＿＿＿＿＿＿＿＿＿＿＿＿＿＿

＿＿＿＿＿＿＿＿＿＿＿＿＿＿

（二）推廣中心戶外教學區：

在推廣中心的後面有一個水土保持教室，每天的上午10～11點、下午2～3點，各開放一個小時。讓我們去了解一下如何以生態工程進行水土保持吧！

生態工程真是不簡單！

▲ 1.生態水池

▲ 2.氣象觀測坪

▲ 3.人工降雨沖蝕槽

在這座生機盎然的戶外教室中，能讓我們學到各種水土保持的知識，了解水土保持對人類、大自然的重要，還能讓我們認識各種野生的花草樹木以及小動物喔！

▲ 4.台壁植草

▲ 5.植生草類觀察區

▲ 6.平台階段處理

對啊！我剛剛走在最後面，看到許多茶樹的品種喔！

▲ 7.打椿編柵

▲ 8.茶樹品種區

Q1.我看到了 ＿＿＿＿＿ 種茶樹，有

人工降雨沖蝕槽
Simulated Rainfall Area

雨沖蝕槽分三區，坡度16%，
雨強度的設計，由下方量水桶
察到，不同覆蓋方式下水分與
情形。

The area is divided into three zones,
16% slope and different vegetation
zone. With the same rainfall intensity
zone, visitors can observe the
water and soil loss, through the
bucket installed in the three zones.

(es zone) ◆茶樹種植區 (Tea plant zone)

Q2.我的想法：

＿＿＿＿＿＿＿＿＿＿＿＿＿＿＿＿
＿＿＿＿＿＿＿＿＿＿＿＿＿＿＿＿
＿＿＿＿＿＿＿＿＿＿＿＿＿＿＿＿

阿賓老師說

一般整治河流的生態工程是指建造時不使用水泥等不透水的
建築材料，而改用原有的石頭建造堤岸、護岸、水道、步道等設施，
由於石頭和石頭之間的縫隙可以讓植物生長，也提供了動物棲息的隙縫，所
以在建好之後，可以很快的恢復生態，就像貓空地區的茶園都是梯田，茶
園邊的石頭都是數十年、甚至百年以來累積疊放的，水可以從石頭縫隙中流
出，讓土地可以呼吸，生態更豐富。
但是生態工程並不表示不會壞，如果碰到雨勢過強或洪水，仍會損壞，所以
還是需要好好維護喔！

（三）壺穴地形：

阿寶老師，貓空都快逛完了，到底貓空這個地名是怎麼來的啊？

你們現在換上登山用的鞋子，跟著我從推廣中心步道往下走，走到指南溪邊就知道答案了！不過，因為貓空山區多雨，步道都是石階，容易打滑，請大家走路的時候一定要注意安全喔！

▶ 壺穴

是！我們會注意安全的！

阿寶老師說

▲ 推廣中心步道

「貓空」的閩南語發音是「ㄋㄧㄠ ㄎㄤ」，意思就是「皺穴」。指南溪地勢很陡，河床凹凸不平，當溪水從上往下流的時候，帶動了溪底的石頭，堅硬的石頭被溪水的漩渦帶動，在溪底的岩床上磨來磨去，從小洞磨成大洞，從大洞磨成小溝，最後岩床就形成了一條條皺皺的、深淺不一的紋路，這種地形景觀就稱為「壺穴」。而因為「壺穴」的閩南語發音是「ㄋㄧㄠ ㄎㄤ」，後來就取近音稱為「貓空」。

▼ 指南溪畔

▼ 指南溪

★ 壺穴的形成：

▲ 小石子落入河床凹處

▲ 小石子鑽磨河床

▲ 凹洞逐漸加深，形成壺穴

第 **6** 站

▶▶▶ 動物園

（一）捷運動物園站與動物園大門：

到了到了！動物園到了！

喂！不要跑太快，當心跌倒呀！

哇，走走走！

阿寶老師說

到動物園最方便的交通方式就是搭乘捷運木柵線，在終點站下車步行一小段路，就可以看見動物園的大門了。需要特別注意的是，由於動物園三面環山，非常容易下雨，所以行前應該注意一下氣象資訊，視情況攜帶雨具喔！

門口變成紅鶴池了！好久好久沒有來動物園了，我們快去看無尾熊、企鵝，還有可愛的夜行性動物！

我要先看獅子、老虎、鱷魚，還有兩棲爬蟲動物館裡的蛇！

你喜歡的怎麼都是一些兇巴巴的動物啊？那我們就順著路把動物園繞一圈，全部都看吧！阿寶老師，你說這樣好不好？

看看你們手上門票背面的地圖，就可以知道動物園非常大，要在一天之內逛完是很難的。既然你們都已經有了必看的目標，那我們就從無尾熊館開始，沿路到夜行性動物館、亞洲熱帶雨林動物區、河馬廣場、非洲動物區、狐猴館、企鵝館、兩棲爬蟲動物館，然後再搭遊園公車回來，每個館區我們最多停留一小時，加上步行和午餐的時間，也算很緊湊了。

那還等什麼？我們快走吧！

(本圖片由台北市立動物園提供)

動物園指南

體驗・探索・學習・歡樂
盡在臺北動物園

I 兩棲爬蟲動物館

教育中心

1 臺灣動物區
2 鴕園
3 蟲蟲探索谷
4 兒童動物園區
5 亞洲熱帶雨林動物區
6 水生植物園
7 沙漠動物區
8 澳洲動物區
9 非洲動物區
10 鳥園
11 溫帶動物區
12 溼地生態池

A 教育中心
B 昆蟲館
C 保育廊道
D 兒童劇場
E 無尾熊館
F 新光特展館
G 夜行性動物館
H 酷COOL節能屋
I 兩棲爬蟲動物館
J 企鵝館

出口　入口

深坑　新光路二段　指南宮

遊客服務中心　輪椅/娃娃車服務　資訊服務　遊客參觀路線　遊客列車站　販賣部　指定收集區　作業道路
護理室　播音服務　列車行駛路線　列車接駁站　紀念品服務處　觀察站
母乳哺育室　寄物櫃　纜車行駛路線　纜車接駁站　化妝室　雨水貯蓄系統

阿賓老師說

參觀動物園之前最好先參考地圖，擬定行程，一般建議的方式有：

1. 走馬看花式：如果是第一次到動物園，希望能「看到」所有動物，可以從入口開始，每個園區每個籠舍都「晃」過一次，然後從鳥園搭遊園公車返回。這樣做的好處是可以看到很多種動物，但缺點是每種動物只能夠「看到」，但無法仔細觀察。

2. 重點觀察式：如果有很明確的目標，可以在感興趣的欄舍或館區多停留些時間好好觀察，接近閉園時間再慢慢回頭。這樣做可以從觀察中得到最多樂趣與學習成效，不過只能逛完部分園區。

3. 綜合折衷式：如果小朋友的目標很多，散布在各個館區，那麼可以在每個館區設下預計停留時間，限定的時間到了就立刻前往下個館區，這樣便可以觀察到每個想看的目標。

以上都是最緊湊的遊園方式，關於其他遊園資訊，可以事先上台北動物園全球資訊網（http://www.zoo.gov.tw/）了解一下喔！

（二）無尾熊館：

無尾熊真的好可愛喔！毛絨絨的、懶洋洋的坐在樹上。

哼！那樣跟布偶有什麼兩樣啊！

小豆腐啊！動物園裡的動物都是很偉大的喲！就像你們眼前的派翠克，牠原本應該生活在澳洲那幾十公尺高的尤加利樹上，晒著太陽、吹著自然的微風，但現在卻離鄉背井來到台灣當保育大使，牠犧牲了自己的自由，讓大家認識牠的族群，進而保護大自然，我們應該尊敬牠們、疼惜牠們喔！

我是開玩笑的啦！不過看牠們被關在裡面，我都差點忘了動物原本應該生活在大自然裡了。

無尾熊在大自然裡也是
這副懶洋洋的樣子嗎？

問得太好了！其實雄性無尾熊在野
地裡常常為了爭奪地盤而大打出手呢！

那牠們應該比較像「星際寶貝」裡的那隻外星無
尾熊，是個陰晴不定的傢伙！

　　拜訪動物，別忘了多想想喔！比如下圖中的長臂猿，一
隻端坐在地上，後面二隻卻打鬧成一團，你觀察到這樣的現
象，會不會去思考背後的原因呢？發呆的長臂猿是老了覺得
打鬧無聊？還是生病了？或者這陣子有心事？看見欄舍裡的
動物，記得多想像一下牠們在野地的樣子，也可以配合解說
牌或是現場老師的解說內容，想到一些有趣的問題，這樣能
幫助你更加了解
動物朋友們！

Q1.想一想：我個人今天的第一站
最認真觀察的是 _____
（什麼動物），我猜想牠在野
地裡的樣子應該是⋯⋯（畫下
來）

Q2.對於牠，我最想問的問題
是什麼？

_____

_____

_____

霧……
霧……

（三）夜行性動物館：

小豆腐！夜行性動物館明明是小觀音排
的行程，你卻比她還興奮耶！

這裡烏漆抹黑的，很好玩呀！我
剛剛學的褐林鴞叫聲很像吧！

啊！怎麼有閃光？

這位朋友，您照相
時應該把閃光燈關
掉喔！不然動物們
的眼睛會受傷的！

啊！我忘了！抱歉，馬上關！

阿賓老師說

夜行性動物館運作的方式，是利用燈光讓館內
動物們「日夜顛倒」，也就是說，等到傍晚遊客都
離開了，夜行館就會燈火通明，變成白天的狀態，那時候
也正是夜行性動物們休息睡覺的時候了！動物園的各種設備和運作方式，像
是夜行性動物館的燈光設備、企鵝館的空調設施，都是為了配合動物原來的
生活環境和日常作息而設計的，目的是要讓這些偉大的保育大使能夠適應良
好，盡量過得舒服。

Q.想一想，如果我是 _____（動物），我會很
討厭來看我的人們對我：

_____

_____

_____

▶ 大家好，我是懶
猴，我擁有一雙水汪汪
的大眼睛，讓我在黑夜裡
也能看得非常清楚，可
是我最怕閃光燈了，因
為那會讓我的眼睛痛痛，
而且還會暫時看不見東
西，我不喜歡被用閃
光燈照相

（四）亞洲熱帶雨林動物區：

 這裡的環境好陰暗喔！

 管理員怎麼不把這附近的樹砍一砍？視野也會比較好呀。

這裡是動物園刻意營造的「熱帶雨林區」，附近的植物當然也要模擬得跟真正的熱帶雨林一樣高聳濃密呀！在熱帶雨林裡面，從最高的樹頂，中段的樹幹，一直到底層的灌木與雜草，都藏著很多很多稀奇古怪的生物呢！要是走在真正的熱帶雨林裡，會比這裡還暗，簡直有種「不見天日」的感覺喔！

 哇！你們看，是老虎耶！

 老虎看起來好威猛，毛皮看起來也好美麗喔！

 阿賓老師說

台北市立動物園園方很用心的設計了各個展示區應該呈現的原始風貌。例如：亞洲熱帶雨林動物區附近栽植了一片濃密的樹林；非洲動物區則空曠廣大；而台灣動物區也刻意營造了原始棲息地的感覺。參觀的時候除了注意動物明星們的風采之外，不妨也體會一下牠們原棲息地的風貌。

（五）非洲動物區與河馬廣場：

 獅子們真不給面子，只看到一隻母獅，而且一直在睡覺！

 那就看看其他的非洲動物呀！你們看！長頸鹿的脖子好長喔！

 長頸鹿為了吃有刺植物的葉，舌頭又硬又長又靈活；而牠的心臟更是出了名的大，最大的足足有十公斤重喔！

 長頸鹿為什麼會有那麼大的心臟啊？牠們應該都有高血壓吧？

▶ 觀察動物的特徵

 這你就說對囉！長頸鹿那麼高，如果沒有一顆強壯的心臟，根本無法將血液推到頭頂，這樣牠們就會昏昏沉沉的囉！

哈哈！所以長得愈高的人就愈「粗心」囉！

　　許多動物身上都有著牠的「法寶」，例如圖中的斑馬，牠的法寶——身上的斑紋，與老虎如出一轍，雖然是完全不同的動物，卻有著類似的「裝備」，這件裝備也有著類似的功能——都是為了在行動時迷惑獵物或掠食者的視覺。如果你想成為動物知識的小專家，在觀察動物的時候，請試著找出動物身上各種為了生存而發展出來的「全套裝備」，還有牠們的「裝備」在野外發揮的效果吧！

Q1.我們來仿照「動物星球頻道」的「動物擂台」，給動物做個排行榜吧！今天我們要排行的項目是 ＿＿＿＿＿＿（動物特徵），前五名分別是：

1. ＿＿＿＿＿＿＿　2. ＿＿＿＿＿＿＿　3. ＿＿＿＿＿＿＿
4. ＿＿＿＿＿＿＿　5. ＿＿＿＿＿＿＿

◀ 非洲區不僅欄舍空曠，連人行步道上也少有樹蔭，這樣的設計是為了讓遊客體驗一下非洲草原的酷熱

Q2.而牠們這些誇張特徵的功能是為了：

_____

_____

_____

阿賓老師，我餓了耶！

既然餓了，那我們就在河馬廣場上吃午餐吧！

　　動物園各區塊都有餐飲販賣的服務，可是不一定符合你的口味，而且價格當然會比園外來得高一些，如果想要節省花費，也可以事先準備餐點，午餐時間就可以找個涼快的地方悠閒的坐著用餐。

▶ 狐猴媽媽快速的跑來跑去，而狐猴寶寶在媽媽肚子下抱得緊緊的，只露出一條小尾巴

（六）狐猴館：

 好可愛的狐猴喔！這邊還有一隻母猴帶著小猴跑耶！小猴真的好小喔！咕嘰咕嘰……

 阿賓老師你不要裝可愛了，很好笑耶！

 唉唷！狐猴真的很可愛嘛！

 阿賓老師，環尾狐猴跟白頸狐猴的習性好像不太一樣耶！不過我又說不上來牠們到底哪裡不同？

 你們注意看，環尾狐猴常在地面上跑來跑去，動作像貓一樣優雅靈巧；而白頸狐猴比較少在地面上行動，動作比較遲緩些。其實，大部分的狐猴都像白頸狐猴一樣是樹棲性的，而環尾狐猴那種常常在地面上跑來跑去的習性，算是狐猴世界的特例喔！此外，馬達加斯加還有一種沒有尾巴的光面狐猴，牠會用橫著跳的方式在枝條間甚至地面上移動，最會跳的還可以跳個十公尺遠呢！你們能注意到這兩種同類動物習性的些微差異，功力已經非常厲害了喔！

▲ 觀察動物的行為

　　觀察動物的行為，可以從許多觀點切入，像是最基本的吃喝拉撒：看動物吃什麼，怎麼吃，甚至怎麼「嗯嗯」，例如河馬大便的時候會甩動尾巴，把便便

噴得滿地。另外，不同動物的運動方式也常暗藏玄機，例如大家都知道袋鼠快速移動的時候是用兩隻腳跳躍，但是平常輕鬆的小幅移動時是怎樣呢？張大眼睛，耐心等待，動物常常會表現出你從來沒見過的有趣行為喔！

Q.想一想：把今天看過的動物表現出來的行為整理下來，看看在每一種行為的表現上，最特別的代表動物是什麼？

1.吃的代表：　　　　　　　　2.走路代表：

3.睡相代表：　　　　　　　　4.奔跑代表：

5.便便代表：　　　　　　　　6.裝兇代表：

7.＿＿代表：　　　　　　　　8.＿＿代表：

▶ 國王企鵝

（七）企鵝館與兩棲爬蟲動物館：

（剛離開兩棲爬蟲動物館的三人來到企鵝館。）

我覺得很奇怪，為什麼企鵝館內設計得跟電影「快樂腳」裡面一樣，都放了很大的鏡子呢？

我知道，因為這樣遊客們眼中看起來就有很多企鵝，比較壯觀嘛！

其實功用不只這樣喔！你們回想一下，兩棲爬蟲動物館中的動物，即使養在同一個飼養箱，牠們和同伴間並沒有互相打招呼、打鬧，也沒有看起來像在「聯絡感情」的動作；但是黑猩猩、企鵝，彼此之間常常互相理毛、開玩笑、打招呼，甚至有看起來像聊天一樣的行為。因為有些動物很依賴與同伴之間互動的團體關係，所以像企鵝館放置了一面鏡子，為的就是讓企鵝以為自己在一個大群體裡，這樣心裡會比較有安全感，也會比較快樂。

對耶！剛剛看到的歐洲蛇蜥，有時候都直接從同伴的身上爬過去，對於同伴的存在視若無睹，真是沒禮貌！

什麼沒禮貌，那是牠們天生的習性啦！爬蟲類通常都吃一些路過的小昆蟲、小動物，這樣的捕食不需要團隊合作，所以牠們也不必注重「蜥」際關係。

小豆腐這個論點說得倒是挺有道理的喔！

　　右圖中的黑猩猩在一整天裡花了很長的時間替同伴理毛。牠們也會以不同的表情、不同的叫聲來表達不同意思，和同伴們做有效的溝通，這些和同類的互動，通稱為牠們的「社會行為」。觀察動物的時候，看看牠們怎麼樣互相打鬧，怎麼樣打招呼，怎麼樣表示「我和你是好朋友」，這些「社會行為」，能夠幫助你對於動物朋友的生活有更通盤的了解喔！

(八) 出口：

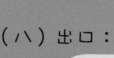

阿賓老師可不可以背我？我的腳快斷了！

還有一些展示區我們都沒去耶，下次我們再規劃其他的行程吧！

啊！！你別開玩笑了！快下來呀！走了一天的路，我的腿也很痠啊！

在你規劃每次的行程之前，不妨先參考一下以下各展區的特點，如此一定可以規劃出一條最符合你的需求、能讓你盡興而歸的參觀路線喔！

★各館區與出入口的距離依序為：

兒童動物園區與無尾熊館：有超可愛的動物，通常都是小朋友入園的第一選擇！
建議分配時間：20～40分鐘（例假日觀賞無尾熊需要排隊時例外）。

教育中心：關於自然史、保育與各種動物相關知識的室內展場，包含許多動物標本以及恐龍模型展示，林旺爺爺的毛皮標本也在本館中，是教學與雨天行程的第一站。

建議分配時間：30～60分鐘。

台灣動物區：想了解台灣的原生動物生態就要來此區，台灣各種動物明星如台灣獼猴、台灣黑熊、梅花鹿等都在這裡等你。

建議分配時間：30～60分鐘。

昆蟲館：館內展示有多種活體昆蟲，以及蝴蝶生態網室，還有昆蟲相關知識的教育展場，後方更有生態谷可實地進行野外觀察般的近距離體驗。

建議分配時間：30～60分鐘。

夜行性動物館：有可愛的貓頭鷹、懶猴等夜行性動物的活體展示，是不怕黑的小朋友最喜歡的一站，也是雨天行程裡重要的參觀點。

建議分配時間：30～60分鐘。

亞洲熱帶雨林動物區：全區模擬東南亞熱帶雨林的自然生態景觀，展示了紅毛猩猩、孟加拉虎、花豹、亞洲象等雨林動物，暑假期間還有大雨體驗的活動。

建議分配時間：30～60分鐘。

澳洲動物區及沙漠動物區：澳洲動物區展出袋鼠、食火雞、鴯鶓等動物，並栽種許多澳洲特有的桉樹（尤加利樹）。沙漠動物區則展示最具代表性的駱駝與羚羊等沙漠動物。

建議分配時間：10～30分鐘。

非洲動物區：以中大型動物為主，展出獅子、斑馬、長頸鹿、羚羊、河馬等人們耳熟能詳的非洲大草原動物。由於此區幅員較大，遮蔭較少，夏天參訪時須慎防中暑。

建議分配時間：30～60分鐘。

溫帶動物區及企鵝館：溫帶動物區主要展示棲息於溫帶草原和森林中的動物，如棕熊、水獺、浣熊等。企鵝館則展示國王企鵝及黑腳企鵝，館內還有完整的企鵝解說圖文展示，在觀賞可愛的企鵝之餘，也可以了解牠們的分布、形態特徵、生活習性及繁殖行為等相關知識。

建議分配時間：30～50分鐘。

兩棲爬蟲動物館：本館以不同的生態系展示各種兩棲爬蟲活體動物，包含了蛇、蜥蜴、色彩豔麗的箭毒蛙、各種奇形怪狀的蠑螈，還有兩棲爬蟲動物相關知識的展場，是雨天行程必遊的展示館。

鳥園區：是個超大鳥籠，內部模擬野外棲地，任由鳥類在籠內自由活動，甚至有築巢繁殖的行為，遊客可進入籠中，近距離觀賞鳥類世界。

建議分配時間：20～40分鐘。

第 **7** 站

◖◖◖ 仙跡岩

仙跡岩？阿賓老師，這上面住著神仙嗎？

喔！這一切的答案等我們到達山頂，你們自然就會知道了。小豆腐，這些樓梯沒問題吧？

嗯……應該是沒問題吧！

Q1. 仙跡岩地名由來的答案就在山頂這顆大石上面，仔細找找是否能發現「仙跡」何在？旁邊還記錄了關於仙跡岩的一些故事，看看其中的哪些故事是你覺得最有可能發生呢？你最喜歡哪一個？都可以記錄下來喔！

1.原來「仙跡」就是：

_____

2.這些故事中我最喜歡的是：

_____

_____

_____

3.如果你覺得這些故事太誇張了，你對「仙跡」的解釋是什麼？還是你有你的新故事？

_____

_____

_____

_____

_____

_____

▶ 山頂巨石

阿賓老師，你走快一點啦！我們想快點到山上跟神仙學法術啦！

你們就只想變成哈利波特，都沒有注意到你們身旁其實有著很棒的生態資源，剛剛有好多小動物都在看你們跑步呢！

有嗎？我怎麼都沒有看到？

有啊，你們現在閉上眼睛，仔細聽聽看這個環境中有哪些聲音？並且記起來這些聲音分別在哪些位置。

 阿賓老師說

生態觀察小技巧——耳聽八方

不只是眼睛才能觀察，耳朵也是很好的觀察工具，因為有很多生物在將自己隱藏好之後，就會很安心的發出聲音來呼朋引伴。

透過這種生物特性，我們就可以順著聲音的方向去找到聲音的主人，然後再輕輕的接近觀察一番。當然，有很多厲害的人聽到聲音就知道是誰發出來的，不過這都是經由很多次觀察所累積下來的經驗，才能練就這一身「聽音辨物」的好功夫！

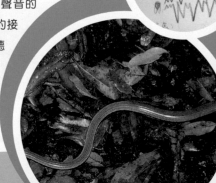

 剛剛你們聽見了哪些聲音？

 我剛剛聽見鳥叫、人講話的聲音、狗叫……。

 我聽到草叢裡窸窸窣窣的、聽到飛機飛過、蟬叫、風吹過的聲音……。

 這張是根據我剛剛聽見的聲音所畫的聲音藏寶圖，記錄了我聽到聲音的方向和種類，你們也可以嘗試畫畫看，等一下我們就根據畫好的藏寶圖來找找這些聲音的主人！

Q2.你也可以閉上眼睛，仔細聽聽環境中的聲音，並且在此畫出自己的聲音藏寶圖喔！

現在你們就知道剛剛錯過很多觀察機會了吧！不過除了耳力以外，我還要考驗一下你們的眼力。通常在野外的生物都會把自己藏匿好，也有很多並不會發出聲音，甚至就在我們身旁悄悄的休息，因此需要仔細的去觀察每個蛛絲馬跡，才有機會見上牠們一面。

沒問題，這正是我最在行的。

是嗎？那你找找看下面圖片中的生物躲藏在哪！

Q3.下面的圖片中各躲藏了一隻昆蟲，發揮你的觀察力仔細找找牠們躲在哪裡。

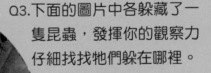

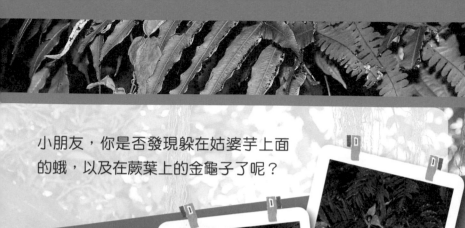

小朋友，你是否發現躲在姑婆芋上面
的蛾，以及在蕨葉上的金龜子了呢？

▲ 蕨葉上的金龜子

▲ 姑婆芋上面的蛾

阿寶老師說

生態觀察小技巧——眼觀四面

生物生存在大自然中，為了躲避天敵或是獵取獵物，常使用各種技巧來降
低被發現的機會，「保護色」為最常見的方式。有的生物是讓自己的顏色
跟棲息環境相近；有的是模仿周遭的花紋；有的更是把自己變得像枯葉或
糞便等不可食用的東西，目的都是為了能逃過敵人的獵食。

除了保護色以外，有一個安全的「家」也是種不錯的方法，所以舉凡樹皮
縫隙、排水管孔、石頭下、葉背……等等可以提供躲避的場所，都可能是
生物居住的地方。因此在進行觀察活動時，必須發揮偵探的精神，仔細查
看每一個可能的地方，想想假如自己是這種動物的話，會選擇躲在哪裡把
自己隱藏起來。在這種觀察方式下，你可以得到相當多的收穫喔！

（學會觀察方法後的小豆腐與小觀音，開始和阿賓老師慢慢走在步道上，並且仔細觀察兩旁的風吹草動。）

 你們看！這棵樹老到長鬍鬚耶，是神木級的喔！

 （抓住一把氣根）哈哈，好像古裝戲裡面那些老爺爺喔！

 小豆腐！你不要調皮了，這可是榕樹從莖長出的「氣根」，可以幫助這棵樹來吸收空氣中的水分，假如長得夠長、碰到了泥土，它還會變粗成為真正的根。也因為氣根會一直向外擴展，所以在布農族的傳說中，稱榕樹為「會走路的樹」。

（正當三人仔細觀察這棵榕樹時，小觀音突然驚聲尖叫。）

哇！樹幹上有怪獸啦！

哪裡哪裡？我看看！哇塞！好酷喔！根本就是小酷斯拉嘛！

▶ 攀木蜥蜴

喔！的確有人稱牠為小恐龍，不過比較正式的說法還是稱牠為「攀木蜥蜴」，雖然牠沒辦法長得跟恐龍一樣巨大，不過你們可以從牠身上發現許多為了適應環境而發展出來的奇妙特徵。

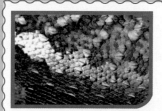
爬行動物是脊椎動物從水域擴展到陸域生活的里程碑，為了防止水分過快從體表散失，於是發展出鱗片來阻隔。至於鱗片的排列方式也是有學問的喔，有機會可以摸摸看，看往哪個方向摸會比較順手。

你是否發現攀木蜥蜴頭頸部豎起的鬃鱗和其他部位鱗片大不相同？事實上這部位的鱗片是以雄蜥的較為發達，主要是用於威嚇敵人或是展示自己的男子氣概！

常在樹幹上活動的攀木蜥蜴的腳後大前小，而且每隻腳趾頭上面都長有長長的指甲，能牢牢抓住樹皮，不讓自己摔下來。

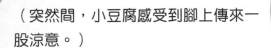

（突然間，小豆腐感受到腳上傳來一股涼意。）

 媽呀！有一隻蛇從我腳邊爬過去啦！

 那是一條四腳蛇啦！原來你也很膽小啊！

 你們運氣很好喔，這是石龍子科的蜥蜴，牠跟剛剛的攀木蜥蜴不同。這類蜥蜴多在地面上活動，是屬於鑽地和穴居型。你們可以比較看看這兩種蜥蜴因為主要棲息環境不同所發展出來的差異。

 我覺得牠全身的鱗片好像比較光滑，不像是攀木蜥蜴有突起，應該是為了要在落葉堆中鑽來鑽去，光滑的鱗片才能方便牠快速的行動，不然被枯樹枝卡住就麻煩了。

 所以牠整體看起來是類似圓筒狀的，不像攀蜥有個大頭。待我把牠抓起來看個清楚！

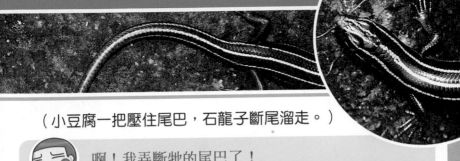

（小豆腐一把壓住尾巴，石龍子斷尾溜走。）

啊！我弄斷牠的尾巴了！

小豆腐你太粗魯了！台灣的蜥蜴除了攀木蜥蜴以外，其餘種類在尾巴遭受壓力或攻擊時都會自割，讓掠食者去注意跳動的尾巴，自己則乘機逃命，雖然過不久會再長出新尾巴，但卻也要付出一些能量作為代價。

▶ 麗紋石龍子。石龍子科幼體尾巴往往呈現鮮豔的顏色，以誤導掠食者攻擊身體較不重要的部位

雨賓老師說

台灣蜥蜴淺談

你是否看過蜥蜴趴在大石頭上享受日光浴的畫面？此時是近距離觀察牠們的好時機，平時動作矯捷的蜥蜴是屬於變溫動物（俗稱冷血動物），必須依靠外界的熱能來幫助體溫上升，如果能量吸收不足，牠們的行動就會變得很緩慢，也因此觀察蜥蜴最好的季節多在3～10月間。

蜥蜴在自然界中大多以小型動物為食，食物內容廣泛到只要會動且吞得下的都有可能在牠的菜單中；而蜥蜴本身卻也被鳥類、蛇類、黃鼠狼等生物取食，成為食物鏈中傳遞能量的角色。

★台灣蜥蜴有五大家族，除了已經出場的
飛蜥家族（攀木蜥蜴）和石龍子家族，
接下來就請另外三大家族出場。

看到牠了嗎？這是壁虎家族的成員，在
古時有人看牠們趴在宮殿上方，猶如
守衛宮殿一般，所以又稱牠們為「守
宮」。
看到牠時，可以研究看看牠如何飛簷走
壁？以及扁平的外型對牠有何幫助？

草蜥家族中最大的特徵就是擁有超長的
尾巴，或許是體型上給人與蛇有關的聯
想，因此又稱「舅母蛇」。
通常在小灌木叢出現的牠們，長長的尾
巴可是相當好用的工具，至於好在哪
裡，就等你去觀察一番囉。

這種蜥蜴更擅長在落葉底層中鑽動，
由於四肢已完全退化，身體猶如蛇類
一般，因此得到「蛇蜥」的稱號。雖
然外表像蛇，但仍可從牠有耳孔和會
自割的特性判斷為蜥蜴家族一分子。

Q4.在仙跡岩的步道環境中，要見到蜥蜴活動並不困難，但假如要對牠有更深的認識，就不能單單只有「看」而已，而必須搭配動手記錄。透過記錄，不僅能讓你更仔細觀察，且當記錄數量夠多時，或許你可以從中歸納出自己的「蜥蜴守則」！

蜥蜴觀察全記錄

觀察日期：　　　天氣：　　　觀察者：

1.發現蜥蜴的地點、環境（例如樹幹上、牆壁上等）和數量：

_____

_____

2.蜥蜴的體型看起來是修長還是肥胖？

_____

3.身上鱗片看起來是光滑還是粗糙？有沒有突出的鱗片？

_____

_____

4.發現時牠所表現出來的動作是什麼？（例如捕食、日光浴、爭奪領域等）

_____

_____

_____

5.牠身上有沒有明顯的花紋？ （可畫下來或拍照記錄）

6.我還想對牠作其他補充描述：

_____

_____

7.我覺得牠屬於 蜥蜴家族。

（一路上有鳥兒與蝴蝶相陪，三人來到稜線上，往下俯瞰台北市景。）

 出來接觸大自然真是不錯，而且這裡離我們居住的地方也不會很遠。

 對啊！這裡離市區還滿近的，而且下山後一下子就可以到有名的景美夜市了！

 我知道小豆腐你在打什麼鬼主意，好吧！等一下也接近吃飯時間了，阿賓老師就請你們去景美夜市吃小吃吧！

阿賓老師萬歲！

阿賓老師萬歲！

▲ 從仙跡岩稜線上，俯瞰著台北市的景色，在這些一格一格的建築物裡，你的家或學校是否也在其中呢

◀ 途中經過一座涼亭，仔細看看對聯中透露出什麼訊息

仙跡岩　**73**

貓空

【天恩至德素食糕餅】

天恩宮為一貫道的寺廟,最有名的就是廟旁賣鮮奶小饅頭的附設糕餅店了,一包30個120元,還有許多其他口味的饅頭、素餅,很值得一嚐。

【忘塵軒藍染工作室】

忘塵軒藍染工作室可以進行絹印、藍染、植物染、植物敲拓等DIY活動,絹印每人200元起,植物染手帕250元起,報名最少十人,以便準備材料,請事先預約。

【烏鐵茶道】

這是貓空地區第一家茶藝館,提供泡茶、各式飲料、茶養生餐和茶藝教學等服務。

【洒妙茶壺】

位於張洒妙茶師紀念館旁,提供泡茶、吃土雞、茶餐等,最低消費50元起。

【杏花林茶館】

杏花林茶館平常只在晚間開放,但花季期間從早上就開始營業。前往杏花林,可從木新路二段轉入恆光街,沿指標上山即可。

【邀月茶坊】

24小時開放,提供泡茶、葷素餐點等服務,每人茶水費70～180元,茶葉另計。

【寒舍茶坊】

提供泡茶、葷素餐點等,每人茶水費90元起,茶葉另計。

爸爸媽媽資訊站

旅遊好心情

木柵地區一直是台北很熱門的旅遊景點，除了有木柵動物園之外，貓空纜車的設立也為木柵地區帶來大量的遊客人潮。在孩子帶您進行木柵行的旅遊規劃時，建議盡量避開人潮擁擠的時間與地點，除了可以提高旅遊品質之外，如此才能真實體驗到木柵的深度人文歷史、豐富生態環境與美麗風景名勝。

本書規劃木柵有兩條路線：「貓空纜車鐵觀音茶香之路」、「動物園趴趴走與尋訪仙跡岩」。建議您與孩子討論之後，至少分為三至五次來進行深度探訪。

以下為相關建議：

交通方面

1. **自行開車前往：** 可將車輛停放在木柵動物園前的停車場，收費方式為計次收費，平日50元，假日150元，如果在假日出遊，建議可以將車輛停至捷運木柵線其他車站的免費路邊停車格，可以節省停車費。

2. **搭乘大眾交通工具：** 不論是到木柵動物園或貓空纜車站，搭乘捷運木柵線是最方便的方式，如果要到仙跡岩，則可搭乘捷運新店線至景美站，步行即可到達。

3. **搭乘貓空遊園公車：** 在貓空纜車貓空站出口的右方即可搭乘，但是請記得先規劃好要去的景點，一般遊客會坐一圈遊園公車回到貓空站，而忽略了貓空還有很多美麗的風景名勝。

參 觀購票注意事項：

1. **優人神鼓——老泉里山上劇場**：每年的11～12月，優人神鼓都會推出年度作品，相關的演出資訊可透過網路或電話洽詢（請參考「知識補給站」的「景點資訊表」）。

2. **杏花林**：每年的1～3月是杏花開放的時節，杏花林農園會免費開放給民眾參觀，農園也會販賣新鮮杏花，讓遊客挑選購買。

3. 貓空纜車在天候不佳時，時常會暫停營運，所以盡量要避開天氣不好的日子，如果在下午會有西北雨的季節，也最好選擇早上去搭乘貓空纜車。

飲 食方面：

木柵貓空地區有很多景觀餐廳可以選擇，包括各式茶點、茶餐與茶飲，搭乘貓空遊園公車時，可以隨時下車；另外也建議可以自行攜帶餐點，進行親子野餐活動，在動物園、貓空、仙跡岩等地區都有很多供遊客休息的涼亭、寺廟，有些地方甚至還有供應熱水。

服 裝方面：

木柵是多雨地區，不論梅雨季節或是夏颱時期，都容易有雨，建議出門前須注意天候狀況，備好雨具。如果進行步道挑戰活動，請穿著長袖衣物以避免蚊蟲叮咬，並穿著合適的運動鞋或登山鞋，以保護足部。

深坑快樂行

1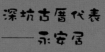
深坑古厝代表
——永安居

2
老街嬉遊趣

3
神祕三合院
——興順居

4
環山綠地中的百年
小學
——深坑國小

5
挑戰阿柔洋古道

 要先知道的事情：

1. 深坑豆腐：深坑的水質佳，適合製作豆腐，而且因為深坑人採用傳統的鹽滷法製作，加上以傳統大灶烹煮，使得深坑豆腐具有一種特殊的焦香味，即便是剛出爐的原味豆腐，不用特別調味，吃起來也相當美味！

2. 深坑老街：我們所說的「深坑老街」，其實就是現在的深坑街，它也是當今深坑最繁華的一條街。這條街早在清朝乾隆年間就已經開闢了，而在嘉慶、同治時是以賣茶為主的茶葉街；到了日據時代，老街一帶成為深坑廳的政治與經濟中心。老街上的房屋原本多是茅草屋，歷經時代更替，屋舍雖多次改建，但我們還是能從街上的一些建築物中看出歲月的痕跡。

3. 深坑老厝：深坑從清朝開發到現在，已經歷了三百多年，在北台灣的鄉鎮中，深坑的老厝是最集中、也是密度最高的。除了老街區附近的磚造老厝之外，在阿柔洋路和炮子崙地區都還看得到一些土埆厝與石頭厝喔！

★ 首先，讓我們來檢查一下所需要的裝備。

備用零錢

數位相機

雨具

手機

輕便服裝

環保餐具

水壺

望遠鏡

悠遊卡

帽子

記錄本

簡易藥品

衛生紙

讓我們出發
去深坑吧！

好！吃
豆腐去！

　　深坑舊名「簪纓」。「簪纓」是古代顯貴者所穿戴的冠飾。深坑被稱為簪纓的說法有三：第一種說法是因深坑地區的地形狹長，形狀就像簪纓一樣；第二種說法是因深坑老街旁的山勢就像簪纓一樣，故名簪纓；第三種說法則是「簪纓」的閩南語發音與最早來深坑開墾的許宗琴的名字同音。而深坑得名的原因也有二種說法：第一種是說深坑因為景美溪的溪水下切作用，使得此處周圍被山圍繞，像一個深陷的坑谷；另一個說法是說清末日據時期，因為北台灣山區常有盜匪與原住民襲擊鄰近地區，而簪纓位在深谷之中，較少受到影響，故改名為「深坑」。

　　深坑原來也曾經是種滿茶樹的茶鄉，後來因為歷經了兩次經營問題，且敵不過其他鄉鎮茶葉的競爭壓力，製茶業逐漸暗淡，目前茶園只能在深坑兩側山上看到一些。但也因為當年的茶業興盛，深坑現在有北台灣最密集的古厝群落，包括磚造房舍（像永安居、福安居等）與土埆厝。還有一位住在深坑二十多年的畫家──顏松濤老師，他煞費苦心的畫了許多關於深坑老街與老房子的油畫，為的就是替這個地區的人文景觀留下最生動的紀錄，有機會的話，記得去「簪纓鄉野文化舍」買幾張深坑的油畫明信片喔！

　　另外，深坑因為水質好，所以相當適合做豆腐。現在深坑最出名的就是各式各樣的美味豆腐料理、冰涼的豆腐冰淇淋，以及好玩的豆腐沙包等童玩，準備好了嗎？讓我們帶著爸爸媽媽來一趟深坑美簪纓懷舊之旅吧！

1 交通工具

開車

高速公路：
(1)從北二高木柵交流道下，經深坑聯絡道，轉106縣道至深坑。
(2)從南港交流道下，轉109縣道至深坑。
省道：走台九線經石碇再進入深坑土庫方向。
縣道：
(1)由南港舊莊路一段轉109縣道由南深路至深坑。
(2)由木柵走106縣道至深坑。
(3)由坪林走106縣道至深坑。
(4)由南港經北32縣道，轉106縣道至深坑。
★交通部台灣區國道高速公路局：http://www.freeway.gov.tw/

搭捷運、公車

(1)捷運木柵站可轉乘指南客運660號公車、欣欣客運251、666號公車。
(2)捷運公館站可轉乘指南客運660號公車。
(3)捷運景美站可轉乘指南客運660號公車、欣欣客運666號公車。
(4)捷運七張站可轉乘欣欣客運251號公車。
(5)捷運市政府站可轉乘指南客運912號公車。
★台北市大眾運輸與公車路線查詢系統：http://www.taipeibus.taipei.gov.tw/
★台北大眾捷運公司：http://www.trtc.com.tw/c/

2 參觀資訊站

深坑鄉公所：http://www.shenkeng.tpc.gov.tw/all.htm

深坑國小：http://www.tskes.tpc.edu.tw/

三級古蹟——深坑黃氏永安居：http://www.hty.idv.tw/index.htm

景點／店家 名稱	地址／電話／經緯度	開放／營業時間	備 註
永安居	台北縣深坑鄉北深路三段8號 0936396011／0920912857 東經：121°36′39.95″ 北緯：25°0′3.89″	平日：須預約 假日：0900～1700	全票60元，學生票40元 網址：http://www.hty.idv tw/
德興居	台北縣深坑鄉深坑街48號 東經：121°36′53.36″ 北緯：25°0′6.06″		位於深坑老街
興順居	台北縣深坑鄉北深路二段133號 東經：121°36′55.08″ 北緯：25°0′8.31″		
潤德居	台北縣深坑鄉阿柔洋33號 東經：121°36′44.14″ 北緯：24°59′57.57″		
福安居	台北縣深坑鄉文山路二段31號 東經：121°36′58.79″ 北緯：24°59′54.61″		
炮子崙土埆厝	台北縣深坑鄉炮子崙 東經：121°36′14.47″ 北緯：24°59′6.51″		
集順廟	台北縣深坑鄉深坑街133號 (02)2662-1583	開放：全日開放	位於深坑老街
廟口小吃	台北縣深坑鄉深坑街135號 (02)2662-4645 東經：121°36′48.93″ 北緯：25°0′4.39″	週二至週日：1000 ～2100 週一：1000～1600	位於深坑老街集順廟旁
深坑豆腐店	台北縣深坑鄉深坑街66號 (02)2662-1793		
深坑國小	台北縣深坑鄉文化街45號 (02)2662-4675 東經：121°36′58.48″ 北緯：25°0′3.3″	開放：全日開放	1.e-mail：parents@tskes tpc.edu.tw 2.網址：http://www.tskes tpc.edu.tw/
鎮南宮	台北縣深坑鄉阿柔村大崙腳8號 (02)2662-3237 東經：121°36′53.89″ 北緯：24°59′29.68″	開放：全日開放	

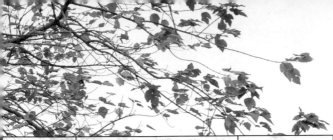

雪子肉粽	台北縣深坑鄉深坑街153號 (02)2662-9882		位於深坑老街老樹附近
深坑麻油店	台北縣深坑鄉深坑街53號 (02)2662-1267		位於深坑老街
老街古早店	台北縣深坑鄉深坑街49號		位於深坑老街
山城古厝	台北縣深坑鄉深坑街87號 (02)2664-6248／0930017255	營業：1100～2000 公休：週一	位於深坑老街
六嬸婆食府	台北縣深坑鄉深坑街139號 (02)2664-9888	週一至週六：0930 ～2100 週日：0900～2100 公休：週三	1.位於深坑老街 2.網址：http://www.6th-aunt.com.tw/home.asp
陳家豆腐	台北縣深坑鄉深坑街91號 (02)2662-2585	營業：1030～1930 公休：週二	位於深坑老街
黑狗兄俱樂部	台北縣深坑鄉深坑街110號 (02)2664-2905	營業：1000～2130	位於深坑老街
麗芬肉粽	台北縣深坑鄉深坑街80號 (02)2662-1794	營業：0900～2000	位於深坑老街
土豆齋	台北縣深坑鄉深坑街143號 (02)2662-8719	營業：1000～2100	位於深坑老街
郭金山花生店	台北縣深坑鄉深坑街92號 (02)2662-1308	營業：0900～2200	位於深坑老街
大團圓休閒農園	台北縣深坑鄉阿柔村25-1號 (02)2662-5328／(02)2664-8226 東經：121°36'47.33" 北緯：24°59'56.23"	營業：1100～2100	
深坑農產品直銷暨遊客服務中心	台北縣深坑鄉阿柔村阿柔洋路27號 (02)2662-6185 東經：121°36'46.78" 北緯：24°59'56.58"	營業：1000～2200	
青山香草教育農園	台北縣深坑鄉阿柔村大崙尾1號 (02)8662-6699 東經：121°37'5.78" 北緯：24°59'11.57"	週三至週五：1000 ～2100 假日：1000～2230 公休：週一、週二	
青山飲食店	台北縣深坑鄉阿柔村大崙尾1-1號 (02)2662-4096	營業：1000～2100 公休：週一、週二	

阿寶老師，一般人去深坑會怎麼玩？

 深坑最有名的就是古厝與老街豆腐了，我先帶你們兩個了解一下深坑最美的古厝還有依照古法製造的好吃豆腐，等等再帶你們到全台最有名的環保學校——深坑國小一探究竟！

聽說深坑除了豆腐以外，跟我們木柵一樣也有產茶喔！

 沒錯！走一趟深坑的阿柔洋古道，就可以看到深坑目前僅存的一部分茶園，體力好的話，還可以走到木柵貓空去喔！

1 永安居
2 深坑老樹
3 集順廟
4 深坑豆腐店
5 德興居
6 興順居
7 深坑國小

1 深坑橋碑
2 深坑渡船頭
3 潤德居
4 木棉花道
5 福安居
6 母子樹
7 石媽祖步道與鎮南宮
8 四龍步道
9 炮子崙土埆厝

福安居

5 Spot

福安居約有一百一十多年的歷史，為黃家麻竹寮開基祖黃連山所建，是五間火庫起的三合院，左右各有兩排護龍。

母子樹

6 Spot

母子樹在當初開發阿柔洋產業道路時就發現了，因為看起來像小孩抱住母親，所以就命名為「母子樹」。

石媽祖步道與鎮南宮

7 Spot

從石媽祖步道上行約30分鐘就可以到達「鎮南宮」，站在廟前的廣場可以俯瞰整個深坑。

四龍步道

8 Spot

從前阿柔洋的小朋友要到深坑來上課，就要走四龍步道下來，全程約3公里的步道，目前已經修復一半。

炮子崙土埆厝

9 Spot

炮子崙地區保有許多石頭屋、土埆厝、草厝等形式的古厝，與深坑老街的古厝有很大的不同喔！

那我要吃紅燒豆腐。

我等一下要去吃麻辣臭豆腐。

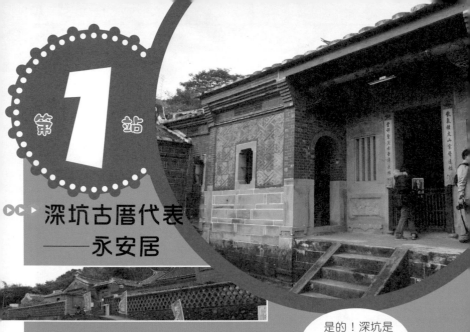

深坑古厝代表
——永安居

是的！深坑是北台灣擁有最多古厝的鄉鎮喔！

深坑除了豆腐之外，最有名的就是古厝了。

深坑鄉的永安居是台北縣的第三級古蹟。起建時間大約在1912年，由富商黃連山派二房黃守禮的四個兒子共同合建，花費了四年的時間才建造完成屋子的正身與左右護龍。取名「永安居」就是為求子孫「永久平安居住」之意。

什麼是「正身」啊？永安居還有「龍」保護喔？

▼ 屋簷上的剪黏

▶ 永安居正廳

阿寶老師說

正身就是正廳，也就是中間的大廳，是傳統房子置放祖宗牌位與家人吃飯的主要空間。護龍則是指正身左右兩邊的廂房，因為護龍多是晚輩的書房和寢室，所以建築的高度會比正身低。如果原屋舍居住的人太多的話，會在護龍的外邊繼續蓋護龍，稱為外護龍。

　　永安居建築的特色之一，主要展現於主屋正面的磚飾、石雕及剪黏（一種鑲嵌藝術）。在正廳入口上方有一面「永安居」的泥塑剪黏匾額。

Q1.門的周圍寫了些什麼字呢？請你把永安居的門聯跟橫批抄下來。

雲瑞　　　雲彩見門盈氣紫　　　氣紫

雲祥聚淡水世澤長綿

紫氣鍾文山家聲遠紹

 阿賓老師說

門聯上出現的「紫雲」，據說是黃氏先人捐建泉州開元寺，建寺時紫雲蓋地，遂將開元寺正殿命名為「紫雲大殿」，此後這支安溪黃氏便以紫雲為其堂號。

我們看看這個在正廳大門邊的石臼，上面的石刻都是有意義的故事呢！左邊是「唐夫人事親哺乳」，右邊是「背米養母的子路」。

Q2.這兩個故事要表達的意思是什麼呢？

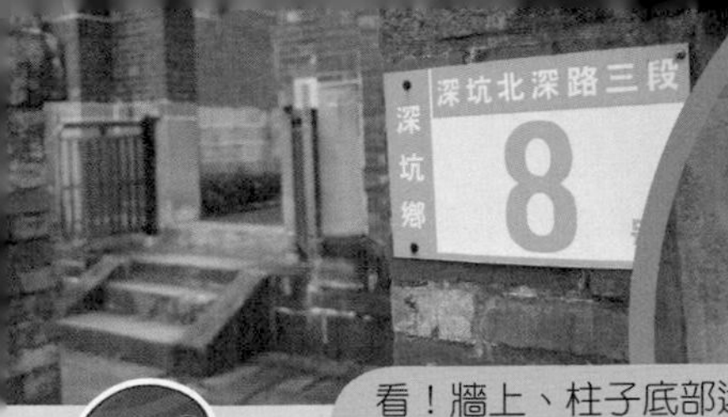
深坑北深路三段
8
深坑鄉

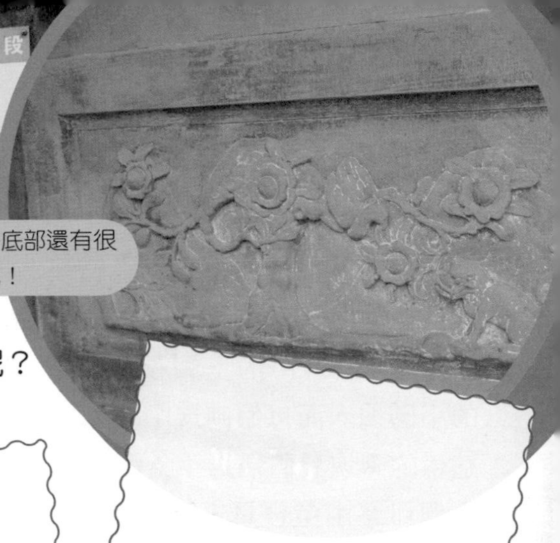

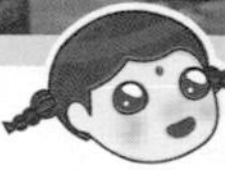
看！牆上、柱子底部還有很多美麗的裝飾呢！

Q3.找找看還有哪些裝飾呢？
把它們的樣子拍下來：

周文王請姜子牙

禪賢讓位

瑞雲

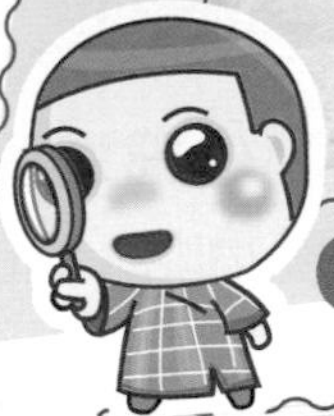

大舜象耕

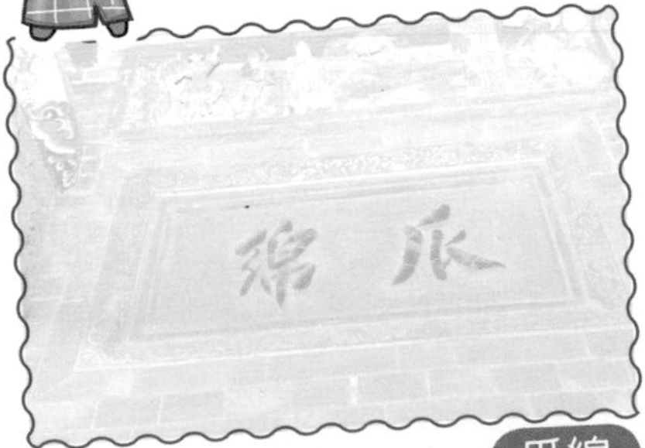

瓜綿

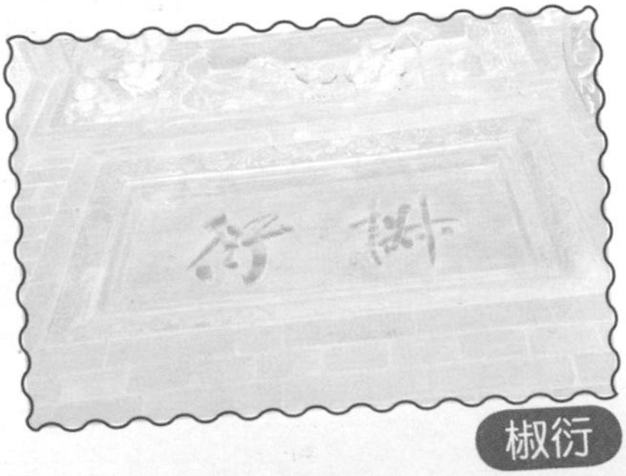

椒衍

我們往後退到「大埕」，去看一看房子的窗戶跟屋簷吧！

▶ 兔仔耳

你有沒有發現？永安居每個窗戶的上頭都有三個突出的小磚塊，而每個磚塊中央都有個圓孔，這樣的磚塊我們稱為「兔仔耳」。在豔陽天或是下大雨時，人們可藉由兔仔耳上面的圓洞來架設遮板，用來遮陽或擋雨，不用時可將遮板從兔仔耳上拆除，這是傳統建築中相當具有巧思的部分。你現在看到的兔仔耳都沒有懸吊遮板，等一下我們去「福安居」的時候，記得觀察一下它掛上遮板的模樣喔！

另外，屋頂上的剪黏也是永安居裡非常有特色的部分。這些剪黏都是用瓷碗的碎片一片片剪下來，然後貼成各種動物的外形。

Q4.請你拿出望遠鏡，仔細觀察一下，上面有哪幾種動物呢（有的打勾）

● 馬	● 犀牛	● 鳳
● 象	● 鹿	● 猴
● 虎	● 龍	● 龜
● 神獸	● 兔	● 獅

你們看，牆壁上有一個裂縫！

那不是裂縫，那是「銃眼」。古代稱火槍為「銃」，而銃眼則是讓屋內人向外射擊的小孔。以整個台北盆地來說，深坑的位置就在盆地的邊緣，舊時附近的山林裡聚集了許多盜匪，治安狀況很不好。為了安全考量，深坑的古厝幾乎都設計了多種的防禦設施，像是在屋子外部種麻竹、建圍牆，內部蓋銃樓，或是在牆上設置銃眼等，都是為了抵禦入侵者而設計的。

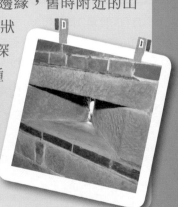

▲ 牆上的銃眼

阿賓老師說

為了避免被敵人擊中，又要兼顧射手的方便性，所以銃眼的樣子都是外窄內寬的，並且多特別設計在牆上縫隙或是裝飾中，讓敵人不能立即發現；而銃眼的位置大約符合一個人在屋內蹲姿架槍的高度，以方便射擊。在永安居裡，高高低低的銃眼加起來總共有33個，你發現了幾個呢？

我們再去參觀其他部分吧！永安居火形的屋
脊、火庫起的屋身、牆面的磚雕、山牆上的鳥
踏、各種造型的石窗等，每種設計都有它的特殊意
涵或實用價值，可別只是走馬看花喔！

阿賓老師說

「火庫起」指的是一種古厝屋簷的設計形式。屋身的正、背面以磚牆構成，
有利於抵禦外敵和防火；牆頂磚塊逐漸往外挑出，上撐屋簷，有擋雨、防晒
的功能；屋身沒有簷廊，但在正面介於外埕和門廳之間，有一塊向內凹退約
65～130公分的區域，叫作「褟壽」或「凹壽」。

阿賓老師說
永安居相關資訊
地址：台北縣深坑鄉北深路三段8號
管理人：深坑黃氏永安居管理委員會
聯絡電話：0920912857；0936396011；0910011990
開放時間：週六、週日、假日9:00～17:00，其餘時間參觀需提前申請
申請參觀：20人以上之團體始接受申請，並應於三日前提出申請
解說導覽：週六、週日有固定時間導覽解說
參考網址：http://www.hty.idv.tw/index.htm

▲ 火庫起的設計

Q5. 進入右方護龍之後，在這裡陳列了很多早期台灣使用的家庭用具。你知道這些物品的用處嗎？（連連看）

紅眠床　•　　•　　•　　• 放碗盤

梳妝台　•　　•　　•　　• 睡　覺

櫥　櫃　•　　•　　•　　• 煮　飯

鐵木馬　•　　•　　•　　• 化　妝

大　灶　•　　•　　•　　• 小孩玩具

第2站

◁◁◁▷ 老街嬉遊趣

（一）深坑老樹：

深坑老街的故事就是從街口這兩棵老樹開始。

這兩棵老樹約在距今一百多年前的清朝時期被種下，到現在已經成為深坑老街的地標之一。但是這兩棵老樹也曾經遇到三次危機：

1. 第一次在1981年要將老樹旁邊的吊橋改建為現在的中正橋時，因為拓寬需要，要砍除或移植兩棵老樹，後來因為鄉民向蔣故總統經國先生陳情而保留下來。
2. 第二次在1989年也是因為道路拓寬而提出要砍除或移植的意見，最後因為有爭議而保留。
3. 第三次在1991年也是因為要拓寬道路，台北縣政府要移除這兩棵老樹，最後在深坑鄉民的努力下，終於將這兩棵老樹登記為台北縣珍貴老樹，永久保留。

 這兩棵樹好大，樹下好涼啊！

這兩棵老樹怎麼分啊？

 阿賓老師說

 問得好！

珍貴老樹的判定標準
1. 胸圍4.7公尺以上。
2. 樹齡在100年以上。
3. 特殊或其區域性代表的樹種。

只要合乎以上條件之一者，就可以稱為「老樹」，並受到登記保護。

Q.請你各撿一片葉子，跟下面的圖比較一下，就可以知道了！

茄冬樹（三出複葉）
樹齡約110年

樟樹（三出脈）
樹齡約130年

（二）集順廟、廟口小吃
與深坑豆腐店：

在清乾隆年間，福建安溪地區的漢人移居來台，選擇了深坑這個地方作為開墾建設的基地，篳路藍縷，創造了當地繁盛一時的茶業經濟。但因深坑多山，早年在山林裡聚集了不少盜匪，經常打家劫舍，原住民出草也時有所聞，造成人心不安；再加上渡海來台的遊子離鄉背井，需要精神上的寄託，於是村民將當年家鄉的傳統信仰帶到了深坑，這也是集順廟設立的原因。

集順廟主要供奉的是「保儀尊王」張巡與「保儀大夫」許遠。張巡、許遠都是唐朝人，因為在「安史之亂」的時候死守睢陽城，阻止了叛軍的攻勢，保全了江南地區的安全，後人緬懷他們捨己為國的忠義事蹟，於是開始建廟祭祀他們。從唐朝開始，「保儀尊王」和「保儀大夫」已經成為福建安溪地區的保護神，而先民來台之後，也將傳統信仰在此延續，分布在北台灣的許多「集應廟」、「集順廟」，不僅

▲ 集順廟

是當時移墾民眾的信仰中心，也是凝聚社會力量的重要據點。

　　講到集順廟，就不能不提美味的深坑豆腐了！集順廟前的廟口小吃，其實就是深坑豆腐美食的發源地。四十多年前王水成先生利用風味獨具的深坑陳家豆腐，發明了屬於深坑味道的紅燒豆腐與豆腐羹，使茶業沒落的深坑搖身一變，成為豆腐美食的集散地。另外，用大鍋滷得香香的桂竹筍，也美味得讓人齒頰留香，到這裡可別忘了來嚐一嚐喔！

▲ 廟口小吃

來到集順廟，除了吃廟口的豆腐小吃之外，別忘了還可以跟集順廟的神明祈求今天的旅行一路順利喔！

Q.你吃了哪些好吃的豆腐料理呢？
把它美味的模樣記錄下來吧！

（三人出了集順廟，往右前方的深坑豆腐店前進。）

現在深坑唯一一家依照古法製作豆腐的店就是這家「深坑豆腐店」。廟口小吃所用的豆腐就是這裡生產的呢！小豆腐，你知道豆腐是怎麼做出來的嗎？

我當然知道。讓我來考考大家，下面有陳燦輝師傅做豆腐的流程，請大家用數字排排看它們的順序。

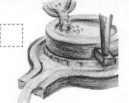

泡 ➡ 浸泡黃豆

製作豆腐首先要浸泡黃豆，根據溫度與溼度的變化，浸泡時間也要調整。夏天浸泡時間短，冬天浸泡時間長，黃豆吸水至最佳狀態就可進行下一步了。

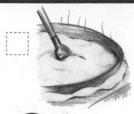

磨 ➡ 磨成豆汁

以前磨豆子都要以人工推動石磨來磨，一邊磨還要一邊加入少量的水，很辛苦！現在則使用電動研磨機代勞，所以磨出的豆汁又細又綿。

煮 ➡ 加水煮漿

將豆漿加水放入大灶中加熱，目前陳師傅還是使用老式的大灶，一邊煮一邊要攪拌到全部豆漿沸騰，所以深坑豆腐的焦味就是使用大灶煮豆漿而來的。

濾 ➡ 分離過濾

古時候是使用布來過濾豆漿，現在則是使用過濾機器。濾過的豆漿用來做豆腐，剩下的豆渣就提供給養豬人家當飼料，可以讓小豬長得白白胖胖的。

滷 ➡ 添加鹽滷

豆漿煮好過濾之後，加入適量的鹽滷汁作為凝固劑，迅速攪拌，靜置一段時間會變成豆花；將做好的豆花分別舀至放了白紗布的豆腐板模型中。

壓 ➡ 加壓成形

將豆腐板模型堆疊起來，用重物壓約20分鐘，深坑豆腐就完成了。剛做好的豆腐，熱呼呼、軟軟嫩嫩的，只要沾點醬油就很好吃了。

（以上圖片節錄自《深坑豆腐世界導覽手冊》，由簪纓鄉野文化舍提供）

深坑豆腐店是目前深坑專門製作傳統手工豆腐的豆腐店，店主陳燦輝師傅每天晚上12點開始製作，每天限量120板的傳統鹽滷豆腐。使用鹽滷所製作的豆腐比起用石膏製作的豆腐，質地細緻且耐燉煮，加上深坑的水質不含鐵，做出的豆腐不易變黑，所以深坑的豆腐才會這麼好吃。

▲ 遠近馳名的深坑豆腐

▼ 深坑麻油店

 阿賓老師說

深坑豆腐店相關資訊
地址：深坑街66號
電話：02-26621793
介紹：早上才有手工現做豆腐零售，另外手工做的豆腐乳也是很棒的深坑名產喔！

▶ 深坑豆腐店

（三）德興居、簑縈鄉野文化舍與深坑廳：

　　德興居是目前深坑老街上，唯一三棟相連的巴洛克式建築。據說德興居是由清光緒年間的黃澤所建造，黃家後代的黃德隆除了在深坑經營茶業之外，還到九份與金瓜石淘金，最後將原屋增建成現在的規模，並取名「隆記德興商號」，這也就是德興居全名的由來。

　　巴洛克式建築的特色就是在牆面上使用許多繁複且美麗的貼花與雕刻，讓人有渾厚的立體美感。

 在古代每個家庭都有家訓，在德興居的門面上也可以找到黃家的家訓，你們可以找找看。

 我找到了，就在三個門上方中間的牆上，寫的是（ 孝 悌 忠 信 ）四字（請你找到寫下來）。

 深坑有一位很棒的畫家顏松濤老師，他畫了很多深坑的油畫，一定要去看看喔！

◀ 土豆齋老舖

簪纓鄉野文化舍成立於1997年，地址在台北縣深坑鄉深坑街48號，也就是在老街底端、最美的德興居內，這裡是由顏老師出資租用作為推廣深坑藝術文化的重要據點。前身為松濤畫室，原本陸續有其他深坑文史工作者加入，最後由畫家顏老師的兒子接手，獨立運作，並正式更名為簪纓鄉野文化舍。

▲ 德興居正門

▲ 兜福工場

新生的文化舍有著更多的創意跟新意，不定期舉辦的活動有：深坑古厝導覽、過年的由來與習俗、深坑豆腐的介紹等，並於2000年與老街上的六間餐廳合辦「深坑豆腐世界香」活動。來到這裡，可以看到顏老師所畫的深坑老街油畫，他還出了一本《深坑文化藝術——鄉情風物誌》，裡頭還有更多畫作可以欣賞喔！

我來買一張明信片,當做我來
深坑的紀念品。

我也要,等一下到郵局買張
郵票就可以直接寄回去了!

▲ 深坑分駐所

假日郵局沒有開,可以到
便利商店去買郵票喔!

(三人來到深坑分駐所。)

　　在德興居對面的深坑分駐所是日據時期的深坑廳遺址,
而在分駐所裡藏有一口古井,你發現了嗎?

　　在深坑可以看到古井的地方只剩下深坑分駐所(值班台
前)、德興居(後院內)與山城古厝了,而分駐所的古井是
遊客最容易探訪的地點,值班台前的那塊鐵板,其實就是古
井的蓋子呢!

這口古井已經有兩百年以上的歷史了!經
過深坑分駐所的時候,記得看一下喔!

阿賓老師說

兜福工場

兜福工場前身是簀纓鄉野文化舍,以現代設計概念賦予傳統文化新面貌,
當時區分為文化系列商品及豆腐系列商品兩條路線,後來陸續推出各種質
感精緻的商品,在小眾市場中深受好評。但是店名有文化兩字,一直被誤
認為領有政府補助款,所以最後決定不再開發文化創意商品,專心販售於
2004年9月11日開發完成的豆腐冰淇淋等深受歡迎的豆腐系列產品。

第**3**站

▶▶▶ 神祕三合院
　　　——興順居

深坑鄉 北深路二段
133.

　　位於北深路二段133號的興順居是深坑唯一具有護龍燕尾的古厝，也是深坑地區除了永安居之外，保存最完整的三合院古厝。

　　興順居建於1913年，目前仍有黃氏後人居住。興順居的圍牆是用清水磚堆砌成「亞」字，馬背（指山牆頂端，屋子垂脊與正脊的連接處）也是與永安居相同具有鎮火作用的「火形」。

　　門口的「埕」（空地）是以三層構建，鋪面為石板條水平橫鋪的形式，這種方式隱含有「進階」的意義，所以以前小朋友是不可以在「上埕」或「下埕」玩耍的喔！

▲ 興順居

▶興順居亞字形外牆

興順居目前沒有開放參觀，所以我們只能透過圍牆上的「亞」字形的縫隙來看這間老厝。

Q.請你試試看將順興居的「亞」字形磚牆畫在空格中，並大略估算一下需要多少塊磚才能砌好這面牆？

畫畫看

A.我知道了！一個「亞」字要用到（　　　）塊磚，所以整面牆大約需要（　　　）塊磚。

第4站

◦◦◦ 環山綠地中的百年小學
—— 深坑國小

（一）圍牆與校門：

你們看！那裡有一所學校，好像沒有圍牆喔！

那就是深坑國小，阿賓老師帶我們去看看好嗎？

沒問題！你們知道嗎？深坑國小創校於1899年，距今已有一百多年的歷史了！校園內有許多豐富的生態環境和有趣的設施，跟一般的學校很不一樣喔！讓我們一起去探索深坑國小吧！

　　深坑國小的圍牆採用的是親和性圍籬的設計，可以從學校內看到社區，也可以從社區看到學校內的活動，這種設計拉近了學校與社區的距離，跟普通的學校圍牆有很大的不同。

▶ 深坑國小圍牆

▶ 校門旁的大樹

Q.走進校門向右轉,可以看到一棵大樹,其實這一棵大樹身上還纏繞著另一棵樹,這種現象稱為植物的「纏勒現象」。小朋友是否可以判斷出這兩棵樹的種類呢?(請參考指示牌找出正確的樹種)

A.我覺得是它們分別是

(二)深坑自然文史教育館和青剛櫟老樹:

▲ 深坑自然文史教育館

沿著學校右方的道路向前走,首先會看到「深坑自然文史教育館」。這裡原本是空餘不用的老舊教室,學校將其改建成展示校史、同學創作及自然生態資料的空間,並提供給社區居民作為假日講座的會場。

再往前走,會看到有棵老樹被木造平台圍住,這是一棵百齡的「青剛櫟」。2002年,這棵老樹的根部被水泥鋪面道路限制了生長,差點就要死亡,後來經由全校師生發起了搶救校園百

◀▲ 風華再現石碑與青剛櫟

年老樹系列活動，挖除了部分水泥鋪面，還老樹一個自由呼吸的空間，終於讓這棵老青剛櫟活了下來。深坑國小為了慶祝青剛櫟重生，訂定每年的3月10日為深坑老樹節。之後，學校在青剛櫟樹下建造了一座木製平台，讓大家可以坐在老樹下休息聊天。

阿寶老師說

青剛櫟的果實小巧可愛，就是迪士尼卡通中花栗鼠最愛吃的小栗子。小朋友們可以在樹下的落葉堆中找找看，說不定會有意外的發現喔！而用果實製作小陀螺的方法，在《新店、烏來好玩耶！》裡面有介紹，可以去書裡找找看！

（三）校園空間活化：

▲ 生態池

　　深坑國小近年來在校內建造了生態溼地、蕨類生態園，生態池中各式各樣的水生植物吸引了許多種類的昆蟲與兩棲生物，同學們可以藉此認識更多的動植物喔！也由於建造了生態溼地，使得校內變得更加涼爽了！

▼ 蕨類生態園

▼ 創意地球彩繪

▶ 綠色水管與水塔

（四）太陽能發電、雨水回收系統和創意地球彩繪

你們看，那裡有一個奇怪的屋頂，上面有一個一個圓圓的黑色圈圈，不知道那是做什麼的？

那是太陽能光電板，會收集陽光的能量轉換成電能來利用，旁邊還有一個太陽光電發電系統盤，請你在下圖中記錄一下目前的太陽能發電狀態。

▶ 太陽能光電板

旁邊這個水管跟水塔看起來怪怪的，為什麼要漆成綠色的？

太陽光電發電系統盤

這是雨水回收系統，將下雨時收集到的雨水儲存在綠色水塔中，作為清洗或是灌溉之用，能因此省下很多水費喔！

穿過第二排教室，在教室後方，可以看到一個很大的地球，每年深坑國小的小朋友都會進行創意地球彩繪，你可以來看看今年他們將地球畫成什麼樣子呢？

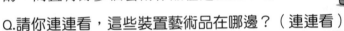

（五）圍牆不見了？

　　穿過沙坑，來到深坑國小與深坑國中之間的圍牆，你會發現兩個學校竟然是相通的，而且有好多個藝術作品在這裡展示喔！

Q.請你連連看，這些裝置藝術品在哪邊？（連連看）

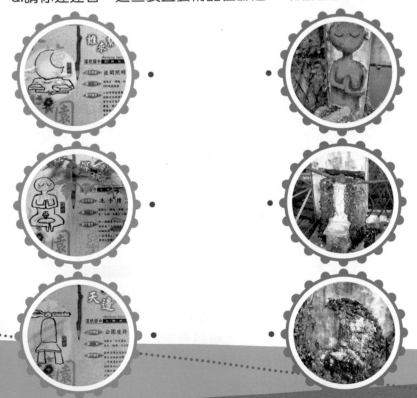

（六）生態綠廊和生態池：

在深坑國小與國中的交界，還有一條小溪。小溪兩旁種有許多植物，還有許多動物、昆蟲生活在這裡，成為一條物種豐富的生態綠廊。在這裡你可以玩跳石頭的遊戲，也可以認識許多植物，還有蜻蜓、青蛙、蝴蝶等動物與昆蟲出沒，是一個觀察動植物的好地方。

這裡有一間奇怪的房子，沒有門也沒有窗戶，還畫了很多漂亮的圖畫！

這就是雨撲滿，跟剛剛綠色水管與水塔是一樣的，可以儲存更多的雨水，然後排入生態小溪中，讓生態小溪整年都有水，讓植物長得更好，動物們都有水可以喝。

▼ 生態綠廊

◀ 雨撲滿

▶ 生態綠廊

　　在深坑國小的操場邊有一個美麗的生態池，你可以在這裡觀察許多水生植物與動物。水生植物依照生長型態可分為四類：

1. 沉水植物：完全生長在水中的植物，如金魚藻。
2. 浮葉植物：葉子漂浮在水面的植物，如台灣水韭、台灣萍蓬草。
3. 挺水植物：葉子與莖挺出水面的植物，如香蒲、大安水簑衣。
4. 漂浮植物：整株漂浮在水面上的植物，如滿江紅、青萍。

▲ 生態池

Q1.在不同季節都可以看到不同的水生植物,請你比對生態
池的解說牌,找出四個種類不同的水生植物。

1.沉水植物
　我找到的是

2.浮葉植物
　我找到的是

3.挺水植物
　我找到的是

4.漂浮植物
　我找到的是

Q2.逛完深坑國小後,你覺得如何呢?請將你的想法寫下來:

▷▷▷ 挑戰
阿柔洋古道

深坑橋碑

正面之碑文內容，部份因風化剝落而難以辨識，~~但其大意如下~~：深坑與阿柔坑間，往昔靠渡船聯絡~~……每逢暴雨則數千日圓以興~~

　　過了中正橋就是「阿柔洋」，這個名稱是取自早期防禦用建築「隘寮」的諧音。從阿柔洋上行，可觀察到深坑的其他老厝、寺廟、瀑布等風景，還可以走到木柵貓空去，讓我們一起來挑戰美麗的阿柔洋古道。

▼ 深坑橋碑

（一）深坑橋碑：

　　從深坑老樹往中正橋方向走，在衛生所與橋頭之間有一個歷經八十多年歲月的古碑，就是「深坑橋碑」，碑高約140公分，正面用篆字寫著「深坑橋」三個大字，下方有碑文，不過已模糊不清，側面為捐錢者芳名錄。

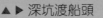
▲ ▶ 深坑渡船頭

阿賓老師說

雖然碑文已經不清楚了，阿賓老師還是查到了碑文的大意：「由於深坑與阿柔坑間，以往均靠渡船聯絡兩岸交通，十分不便，官民便決定募款數千日圓以興建深坑吊橋，大正14年（1925年）興建完成，這段文字是當時深坑小學的校長川島濤江所寫成的。」

原來中正橋的前身是鄉民募款所蓋的吊橋，如果現在走的是吊橋，應該會更有趣喔！

深坑橋下就是「深坑渡船頭」，以前深坑有句話說：「後門進貨，前門賣。」表示當時每家的後門都有階梯可以運貨，所以貨物可以從渡船上直接運到家裡，拿到門口去賣。

（二）潤德居：

過了深坑遊客服務中心，可以看到右邊有一座古厝，就是潤德居。潤德居是黃氏麻竹寮開基祖黃連山之五子黃通井於1920年所建，屋身牆基為石材，大廳石窗上有圓形鏤孔，極為特殊。跟永安居不同的地方是，潤德居牆

◀ 潤德居

身為「出屐起」的格局，是利用外型有如木屐的木造結構撐起屋簷。只可惜因為年代久遠，歷經多次整修，現在已看不到潤德居的古貌了。

（三）木棉花道：

在潤德居之前，過了竹芳橋，有一條木棉花道，是當年深坑鄉長所開闢的新道路。在不同季節，木棉花也會有不同的型態，春天木棉花開，火紅一片，初夏落下棉絮，秋有綠葉遮蔭，冬天則有落葉的淒美，也別有一番風味。四季各有不同，值得細細品味。

▲ 木棉花道

步道兩邊有許多水田、竹林，又臨近景美溪，這樣的條件吸引了許多鳥類前來覓食，也因為在這裡可以看到多種鳥類，所以此地被人們稱為深坑的賞鳥步道。

在木棉花道可以看到許多留鳥，例如小白鷺、黃面鷺、紅鳩等。

小白鷺與黃面鷺怎麼分呀？

小白鷺是黑嘴黃腳，黃面鷺是黃嘴黑腳，特徵正好相反喔！

（四）福安居：

穿過木棉花道，跨越文山路，就可以看到美麗的福安居。福安居約有一百一十多年的歷史，為黃家麻竹寮開基祖黃連山所建，是五間火庫起的三合院，左右各有兩排護龍。

▲ 福安居

▲ 福安居的麻竹林

從文山路進入福安居，你會先遇到一整排的麻竹林，然後再看到二層樓高的銃樓，最後才進入福安居的庭院。

為什麼在福安居外面要種刺刺的麻竹啊？

因為早期為了防止土匪搶劫，種刺刺的麻竹作圍籬比較不容易穿越，如果土匪要進來，得先用柴刀砍麻竹，主人就可以得知土匪來襲，便可預先準備防禦工作，所以這也是福安居的老地名「麻竹寮」的由來。

▶ 福安居的窗戶

你們看！福安居的窗戶好好玩，它也有我們之前在永安居看到的兔仔耳耶！

是啊！因為深坑多雨，而早期房子的防水功能普遍不是很好，所以通常都會有這項設計。我們在永安居看到的是兔仔耳還沒穿上木棍、掛起窗戶的樣子，跟眼前的景象一比，它的使用方式是不是一目了然呢？

（五）母子樹、石媽祖步道和鎮南宮：

在阿柔洋產業道路1.6公里處的土地公廟旁，有一棵長相優美的樹木，就是深坑的母子樹。

母子樹的母樹是朴樹，子樹是雀榕。朴樹的樹齡最少已超過五十歲了，雀榕則大概是三十多歲，母子樹是什麼時候形成的沒有人知道，它在當初開發阿柔洋產業道路時就被發現了，因為看起來像是小孩抱住母親，所以人們稱它為「母子樹」。

▶ 母子樹

▶ 雀榕葉子

這跟深坑國小校門口的老樹是不是一樣啊？

是啊！這就是植物的「纏勒現象」，科學家認為可能是鳥類吃了雀榕的果實，然後在朴樹上排放未消化的鳥糞，雀榕的種子就在朴樹的身上發芽成長，纏勒住朴樹。深坑國小的茄冬就是母樹，子樹也是雀榕，同樣都是纏勒現象。

是不是只有雀榕會這樣啊？

不是，其實在熱帶雨林的很多樹種都有這種現象。深坑雖然不是熱帶雨林，但是因為氣候潮溼，鳥類也多，所以常發生這種「纏勒現象」。

▶ 石媽祖步道

（三人走到了石媽祖步道口。）

石媽祖步道修建於1930年，在阿柔洋路口的石碑就記載了當時的修路歷史。從石媽祖步道上行約30分鐘就可以到達「鎮南宮」，站在廟前的廣場可以俯瞰整個深坑美景。

◀ 鎮南宮 ▲ 鎮南宮廣場遠眺

　　相傳在一百多年前，鎮南宮石媽祖的附近有許多散落的石塊，有一天兩個放牛的小孩來此地放牛玩耍，其中一個小孩爬到石塊上小便，回家後就生病了，父母親追問之後得知原委，到現場一看，發現被小便的石頭就像是媽祖的外形，小孩父母就在石頭面前上香，回家後小孩就不藥而癒了，這顆狀似媽祖的石塊從此便被鄉民供奉膜拜。

　　現在所見的鎮南宮是在日據時期由劉姓商人出資修建而成，並為石媽祖打造了金身。在廟後還有從山上引來的龍泉水，水質清涼甘甜，你可以在這裡洗洗手、喝口水喔！

▲ 青楓

◀ 蕨類

（六）四龍步道與炮子崙土埆厝：

　　從前阿柔洋的小朋友要到深坑上課，就要走四龍步道下來，全程約3公里的步道，目前已經修復一半，可以由四龍步道入口走到阿柔洋產業道路。如果繼續向上走，會走到炮子崙步道，可以選擇往木柵貓空方向，或是走炮子崙及茶山步道回到深坑。

四龍步道的植物好多喔！

你們看！在步道右邊的竹子長得好像大樹喔！

那不是竹子，是竹柏，很多花店會把小竹柏苗做成小盆栽喔！事實上，竹柏是會長成大樹的。每年的7～11月還可撿竹柏的種子回去種。在步道沿路還有秋天會變紅的青楓和許多蕨類可以觀賞。

茶山步道

　　深坑在1876年就從大陸安溪引入茶種及製茶技術，1900年時還是全台灣種茶戶數最多的地區。深坑的包種茶就是種在阿柔洋地區，再由茶山步道運下山，從深坑老街的景美溪碼頭運送到艋舺（萬華）販售。現在的茶山步道沿途仍有許多茶園、土埆厝、草厝等。除了茶園之外，阿柔洋地區還種植了「小蒼蘭」，每年的2～4月為花期，在春天來茶山步道可以見到美麗芬芳的小蒼蘭盛開的美景。

阿賓老師說

　　從茶山步道往上走，可以到達目前深坑保存最完整的石頭厝、土埆厝與草厝群落，這些老房子現在都還有人居住，有些還依照古法修復，所以要參觀時記得要先問問住家喔！

▲ 土埆厝　　▶炮仔崙步道

阿賓老師，炮子崙是不是有炮台啊？

不是啦！「炮子」是深坑人對柚子的稱呼，炮子崙是種滿柚子的山背，所以炮子崙地區就是深坑種植柚子的地方。

　　炮子崙地區保有許多古厝，與深坑老街上的不同點在於：深坑老街上的古厝都是磚造形式，炮子崙地區的古厝則是石頭屋、土埆厝、草厝等形式，所以在炮子崙地區可以看到不一樣的古厝群落。另外在炮子崙步道旁也可以看到種植小蒼蘭的農戶。在春天來到深坑可以看到黃色、紅色、白色、藍色等花色的小蒼蘭，只要花一點點錢就可以買回家，讓家中充滿小蒼蘭的香味喔！

老街

【炭烤臭豆腐】
一進入深坑老街，就可以看到很多賣炭烤臭豆腐的店家，每家的炭烤臭豆腐各有特色。

【雪子肉粽】
在大樹下有一攤賣了二十多年的雪子肉粽，每天現包現賣，香噴噴的超好吃！一個粽子20～30元，是便宜又好吃的深坑美食。

【手工草仔粿】
在大樹下附近還有很多賣草仔粿的店家，各家口味都很多，有芋頭、蘿蔔絲、紅豆等，還有鹹綠豆的口味，一個10元，可以買來嚐嚐。

【山城古厝】
山城古厝所在的老厝是清代深坑六大茶行中最大的一間，整棟用紅磚建造，有著標準的商舖大門，是古蹟也是餐廳，而且還是深坑黑豆腐的創始店。

【深坑麻油店】
藏在警察局旁邊巷子裡的深坑麻油店，仍沿用焙炒、碾碎、蒸煮、製餅、壓榨的傳統古法，製作出香噴噴的麻油與茶油，來到這裡別忘了買瓶麻油當伴手禮，送給喜歡古早味的長輩喔！

【老街古早店】

在麻油店旁的古厝就是老街古早店。古早店古厝的樣貌是一百多年前的樣子，幾乎都沒有整修過，想看沒有整修的古厝就要來這裡。

【廟口小吃】

集順廟口的小吃，就是深坑豆腐料理的發祥地。店門口大鍋煮的「紅燒豆腐」帶著淡淡的焦香味，香軟可口，入口即化。「桂竹筍」原本是老闆家吃飯的配菜，但是因為味道香，最後也成為廟口小吃的招牌菜。

【六嬸婆食府】

在六嬸婆食府展出了很多深坑的老照片，還可以穿過餐廳，走到景美溪畔深坑渡船頭的正上方，眺望整個古渡頭的風景。

【陳家豆腐】

陳家豆腐堅持以手工製造豆腐，且店內將素食與葷食的豆腐分開料理，還生產素食者可以吃的無蛋素蛋糕與私房素食料理，讓吃素的遊客能夠安心的品嚐。

【黑狗兄俱樂部】

店內布置用了許多爸爸媽媽、爺爺奶奶時代的玩具、海報與用品，在這裡用餐可以順便請爸爸媽媽說一說老故事。

老街

老街

【土豆齋與郭金山花生店】
土豆齋與郭金山花生店在深坑都是以花生糖聞名，兩家的花生酥糖各有特色，土豆齋的糖較甜較香，郭金山則是因為加入果糖，口感上較不甜，假日常可看到現場製作花生糖的表演。

【麗芬肉粽】
麗芬肉粽是每天現包的肉粽，內含豬肉、香菇、栗子或芋頭，還有香噴噴的油飯、湯麵、小菜可供選擇。

阿柔洋

【深坑農產品直銷暨遊客服務中心】
這裡提供了深坑農產品的直銷展售，還有豆腐DIY體驗活動，小蒼蘭花期時還可以在這裡買到美麗的小蒼蘭喔！

【青山香草教育農園】
在阿柔洋路盡頭，大崙尾步道的最上方，就是青山香草教育農園，這裡可以品嚐加入現採香草的香草茶，製作手工餅乾，還有香草導覽服務喔！

【青山飲食店】
在大崙尾步道最上方的青山飲食店，提供野菜、放山雞、各式藥膳，每逢假日生意很好，用餐甚至要排隊呢！許多從木柵爬山至此的遊客也會在這裡用餐。

【大團園休閒農園】

走過深坑中正橋，就可以看到大團園休閒農園。大團園除了好吃的豆腐料理之外，滋補養生的藥膳料理也很出名，還提供用餐免費停車服務喔！

【兜福工場】

兜福工場是一個專門從事豆腐相關商品設計開發的工作室，以豆腐為發想原點，用年輕的嶄新觀念，發掘這個傳統食材在現代生活中的新價值、新趣味。目前已推出兜福冰淇淋、豆腐裝沙包、兜福調調……等不同商品。其中不僅止於食用商品，而是以對豆腐本身的概念為圓心、團隊的創意為半徑，畫出一個圓，這個圓內的所有可能性，都有機會在兜福工場具體成型。

兜福冰淇淋（深坑豆腐口味）在兜福工場不斷改良下，除了增加盒裝以確保食用衛生，也採用歐洲進口的原料和台灣優質牛奶，有著獨一無二的濃郁口感，已成為深坑新一代的名產，是大家來深坑必嚐的小點心。

網址：http://www.兜福工場.tw
部落格：http://tofu911.pixnet.net/
電話：(02)2924-0420

打電話去訂購一箱（12入）冰淇淋，只要說通關密語：「好想吃兜福冰淇淋喔！」就可享有九折優待喔！

阿柔洋 網路

爸爸媽媽資訊站

▶▶▶

旅遊好心情

深坑的美，除了在熱鬧的老街，也藏在各個小巷古厝中，需要您與孩子共同尋找。深坑除了豆腐之外，還有小蒼蘭、桂竹筍，更有典雅的古厝、充滿綠意的步道與美麗的風景，遠離人潮集中的地區，您與孩子將可以認識更多深坑之美。

本書規劃深坑有兩大路線，「美饌纓豆腐之旅」與「挑戰阿柔洋古道」。建議您與孩子討論之後，至少分為二至四次來進行深度探訪。

以下為相關建議：

交通方面

1. **自行開車前往**：除路邊停車格之外，在北深路上、鄉公所正門左前方有一立體停車塔，每小時20元，可供利用，另外許多餐廳均附有停車場，供用餐者使用。

2. **搭乘大眾交通工具**：可搭乘捷運木柵線至木柵站或動物園站轉乘往深坑之公車，即可到達。（請參考知識補給站）

參觀購票注意事項：

永安居：目前永安居對於個人參觀僅開放週六、日上午9點至下午5點，其餘時間僅接受團體預約。

飲食方面：

深坑小吃很多，除了豆腐料理之外，花生糖、粿粽、各式傳統小吃也不少，每家料理都各有特色，選擇多樣，您可以與孩子溝通之後，再決定餐飲內容，唯要注意飲食與個人清潔，避免接觸不乾淨的食物。

服裝方面：

深坑多雨，不論梅雨季節或是夏颱時期，都容易有雨，建議出門前須注意天候狀況，備好雨具。如果進行步道挑戰活動，請穿著長袖衣物以避免蚊蟲叮咬，並穿著合適的運動鞋或登山鞋，以保護足部。

參觀方面：

很多深坑老厝目前仍有人居住，即便是開放參觀的永安居，平時都尚有其後人居住使用，所以不論要到何處參觀老厝或是進入學校參訪，請記得先與主人家打個招呼，徵求同意之後，再入內參觀或拍照攝影。

參觀的門票別亂丟，把它貼上來吧！為旅程增添更多美好回憶。

我的紀念章區

凡走過必留下痕跡，在這趟旅程中，我蓋了_____個
紀念章，其中我最喜歡的是 _____的。

國家圖書館出版品預行編目資料

小小導遊：木柵、深坑好玩耶！／陳志偉,林家弘,李政霖
編著.——初版一刷.——臺北市：三民，2008
面；　公分.——(小小導遊系列)

ISBN 978–957–14–4943–2　(平裝)
1.鄉土教學 2.小學教學 3.旅遊 4.臺北市文山區 5.臺北
縣深坑鄉

523.34　　　　　　　　　　　　　　　　97002962

© 　小小導遊
———— 木柵、深坑好玩耶！

編 著 者	陳志偉　林家弘　李政霖
企劃編輯	田欣雲
責任編輯	田欣雲
美術設計	陳宛琳
發 行 人	劉振強
著作財產權人	三民書局股份有限公司
發 行 所	三民書局股份有限公司
	地址　臺北市復興北路386號
	電話　(02)25006600
	郵撥帳號　0009998–5
門 市 部	(復北店)臺北市復興北路386號
	(重南店)臺北市重慶南路一段61號
出版日期	初版一刷　2008年5月
編 號	S 992740
定 價	新臺幣150元

行政院新聞局登記證局版臺業字第〇二〇〇號

有著作權‧不准侵害

ISBN　978–957–14–4943–2　(平裝)

http://www.sanmin.com.tw　三民網路書店

※本書如有缺頁、破損或裝訂錯誤，請寄回本公司更換。